Solling, Gustav

Praktischer Weg um zur Kenntnis der deutschen Sprache zu gelangen

Solling, Gustav

Praktischer Weg um zur Kenntnis der deutschen Sprache zu gelangen

Inktank publishing, 2018

www.inktank-publishing.com

ISBN/EAN: 9783750121232

Praktischer Weg

um zur

Kenntniß der deutschen Sprache

zu gelangen.

Eine Sammlung

prosaischen und poetischen Inhalts, nach den besten
deutschen Schriftstellern,

mit

Fragen begleitet, die sich auf den Gegenstand beziehen,

und

Mustern deutscher Handschrift

von

Gustav Solling.

Göttingen,

gedruckt in der Dieterichschen Univ.=Buchdruckerei.

1847.

PF3116
.S6

Preface.

The present Selection has been compiled, in order to enable the Student to acquire the knowledge of German by a simple and practical mode. I have always found the system of questioning about the subject previously read and translated to be highly satisfactory in its results, for while ear, eye and tongue are practised, the impression must be necessarily stronger, it banishes secondly that embarassing uneasiness always felt by the beginner and which arises from want of words, it enforces his attention, and acts upon his memory. It is of course indispensably necessary, that previous to the use of the Reader the Student should have been made thoroughly acquainted with the Rudiments of the German Grammar. The Questions being equally, well adapted, to be used instead of Exercises, I cause them to be written out by the Student alternately with those contained in the grammar, and after having corrected them in his presence. I question him a second time, when the answer, being now more strongly impressed upon the memory, will be given more readily, and more correctly; in this manner I combine from very the beginning Theory with Practice. I have not accompanied the second part of the Reader with Questions, leaving it to the Teacher to continue and extend the System. — The poetical part contains a selection of german Ballads and lyric Poetry, from distinguished modern poets, as well as a few Pieces of my own composition and for which I claim the readers kind indulgence. The german Handwriting for the Practice of reading and writing german characters, I had purposely engraved in Germany and trust that what regards Typography the work will yield to none hitherto published in this country. I have spared nothing to render this little volume of usefulness to the Student and sin cerely trust, that my efforts might not have been invain.

Woolwich
Claremont Cottage
Brewerstreet.
January 1847.

Vorrede.

Bei Abfassung vorliegender Sammlung war es mir besonders darum zu thun, den englischen Schüler in den Stand zu setzen, die Kenntniß der deutschen Sprache auf eine einfache und praktische Weise zu erlangen. Ich fand, daß das System, über den vorher gelesenen und übersetzten Gegenstand Fragen anzustellen, in seinen Ergebnissen immer günstig war. Denn da dadurch das Auge, das Gehör und die Zunge geübt werden, so ist folglich auch der Eindruck stärker, und es verschwindet jenes Gefühl schüchternen Unbehagens, jedem Anfänger so eigen und welches dem Mangel an Wörtern beizumessen ist, man zwingt ferner den Schüler aufmerksam zu sein und wirkt auf sein Gedächtniß. Es ist natürlich unumgänglich nöthig, daß vor dem Gebrauche des Lesebuchs der Schüler sich mit den wesentlichen Elementen der deutschen Grammatik bekannt gemacht habe. Da die Fragen und Antworten sich ebenfalls zum Gebrauche schriftlicher Ausarbeitungen eignen, so lasse ich dieselben mit den grammatischen Übungen abwechselnd ausschreiben, und nachdem ich sie in Gegenwart des Schülers verbessert, befrage ich ihn zum zweiten Male, und erhalte dann, da das Niedergeschriebene sich dem Gedächtnisse besser eingeprägt hat, eine schnellere und richtigere Antwort. Auf diese Weise verbinde ich von Anfang an Theorie mit Praxis. — Ich habe den zweiten Theil des Lesebuchs nicht mit Fragen begleitet, und überlasse es dem Lehrer, das System fortzusetzen und auszudehnen. — Der poetische Theil enthält eine Sammlung Deutscher Balladen und lyrische Poesie von den besten neuern Dichtern, so wie auch einige Versuche von mir selbst, wobei ich die gütige Nachsicht des Lesers in Anspruch nehme. Ich habe den Schreibbogen zur Übung im Lesen und Schreiben der deutschen Handschrift absichtlich zu diesem Ende in Deutschland stechen lassen und hoffe, daß das Buch in typographischer Hinsicht keinem bis jetzt in England erschienenen deutschen Lesebuche hintanstehn werde. — Ich habe nichts gespart um den Nutzen des Buchs möglichst zu erhöhn, und hoffe, daß mein Bemühn den erwünschten Erfolg haben möge.

Woolwich.

Im Januar 1847.

1.
Die Bienen.
Aus L. Schmidts Erzählungen.

Albert kam in den Garten des Nachbars, und sah einen blühenden Rosenstrauch. Er pflückte eine Rose, und sagte: „Nun will ich mich einmal daran satt riechen!" Als er aber sein kleines Näschen begierig in die halbgeöffnete Rose hineinsteckte, empfand er mit einem Mal einen entsetzlichen Schmerz. Ein Bienlein war in der Rose versteckt, und stach ihn — weil er es fast zerdrückt hatte — in die Nase.

Mit Unverstand genoss'ne Freuden
Verwandeln sich in Schmerz und Leiden.

Was sah Albert? Wo pflegen die Rosenstöcke zu wachsen? Wem gehörte der Garten? Was that der Knabe? Warum steckte er die Nase in die Rose? Wer war in dieser Rose versteckt? Weshalb kriechen die Bienen in Rosen und andere Blumen? Warum stach das Bienchen? Ist der Stich einer Biene schmerzhaft? — Wie hütet man sich davor?

2.
Das grosse Vogelnest.
Aus L. Schmidts Erzählungen.

Ein grausamer Knabe suchte in allen Hecken die Vogelnester auf, und stach mit boshafter Freude den jungen Vögelein die Augen aus. Die Mutter warnte ihn öfter. „Du gottloses Kind," sagte sie, „denke an mich; wenn du dich nicht besserst, so wird Gott gewiß dich noch strafen." Allein

10

der freche Bube lachte heimlich dazu, und machte es je
länger je ärger.

Einmal an einem Sonntage ging er anstatt in die
Kirche in den Wald, neue Grausamkeiten auszuüben. Da
erblickte er auf einer Eiche ein großes Vogelnest. Er kletterte
sogleich hinauf, riß einen der jungen Vögel aus dem Nest,
und warf ihn herab. Schon wollte er nach dem andern
greifen, da kamen plötzlich die Alten — die grimmige Raubvögel waren — herbeigeflogen, und hackten mit ihren scharfen
Schnäbeln ihm beide Augen aus.

Wer Gott und Ältern nicht zu achten sich erfrecht,
An dem wird sicherlich es schrecklich einst gerächt.

Welchen Knaben nennt man grausam? Wo suchte der grausame Knabe die Vogelnester? Was that er mit den Vöglein?
Was heißt warnen? Wie warnte die Mutter den Knaben?
Wie nahm der Knabe die Warnungen der Mutter auf? Wohin
ging der Knabe eines Sonntags? Wohin sollte er eigentlich
gehen? Was wollte er in dem Walde thun? Was erblickte
er? Wo erblickte er das Nest? Was that er? Wie war
diese That beschaffen? Welche Vögel nennt man Raubvögel?
Warum sind die Schnäbel der Raubvögel scharf?

3.
Das schönste Kleid.
Aus Schmidts Erzählungen.

Ein Kaufmann, der mit Seidenwaaren handelte, kam
in ein Schloß. Fräulein Isabella erhielt von ihrer Mutter
die Erlaubniß, sich Taffet zu einem Kleide auszusuchen, konnte
aber in der Wahl nicht mit sich einig werden, und sagte
endlich: „Liebe Mutter, entscheiden Sie, welche Farbe mir
am besten stehe — grün, oder gelb oder blau?" Die

Mutter antwortete lächelnd: „Ich denke — weiß, die Farbe der Unschuld, und r o t h, die Farbe der Schamhaftigkeit."

Unschuld und Schamhaftigkeit
Sind der Jungfrau schönstes Kleid.

Womit handelte der Kaufmann? Wer wollte von ihm etwas kaufen? Weshalb konnte Fräulein Isabella mit sich nicht einig werden? Warum bat sie die Mutter? Welches sind die hauptsächlichsten Farben? Welche Farben gefallen Ihnen am besten? Welche Farben gefielen der Mutter Isabellas? Warum empfahl sie die weiße Farbe? warum die rothe?

4.
Die Weintrauben.
Aus Schmidts Erzählungen.

Wilhelmine kam an einem schönen Tage zu Anfang des Herbstes von einem Spaziergang zurück; da stand auf ihrem Arbeitstischlein ein Körbchen voll Weintrauben, die theils dunkelblau, theils lichtgelb, wie durchsichtiges Gold, aus grünem Reblaube hervorblickten.

„Woher kommen doch," rief sie entzückt, „schon so früh im Herbste diese herrlichen Trauben, und wem gehören sie?"

„Sie gehören dir," sprach die Mutter. „Karoline, deine Freundin im Weinlande, hat sie dir geschickt. Sie sind von den ersten Trauben, die dort reif werden."

„O wie gütig ist meine Freundin!" sprach Wilhelmine. „Wie freu' ich mich, daß sie so liebreich an mich denkt! Sogleich will ich an sie schreiben, und ihr danken. Wenn ich nur wüßte, wie ich ihr auch eine Freude machen könnte; ich würde es von Herzen gern thun."

Die Mutter sprach: „Es freut mich, daß du gegen

1 *

Karoline so dankbar bist. Allein Eines betrübt mich doch in diesem Augenblicke. Sieh, wir haben seit dem Tage, da du die ersten Erdbeeren pflücktest, bis auf diese Stunde, da du die ersten Trauben erhieltst, eine Menge köstlicher Früchte von unsern Bäumen gepflückt; ich bemerkte aber nie, daß du dem lieben Gott so lebhaft gedankt hättest. Und ist denn nicht jede Baumfrucht ein Geschenk seiner Güte? Sollten wir nicht seine Freundlichkeit daran erkennen? Sollten wir nicht trachten, Ihm, der uns so viele Freude macht, auch Freude zu machen? O danke doch künftig Gott herzlicher für seine Gaben!"

Ihm, der mit seinen Gaben uns erfreut,
Weih stets ein Herz voll Dankbarkeit.

Wann kam Wilhelmine von ihrem Spaziergange zurück? War das Wetter schön? In welcher Jahrszeit war es? Was fand sie auf ihrem Arbeitstischchen? Was war in dem Körbchen? Für wen waren die Weintrauben? Wer hatte sie geschickt? Wie hieß Wilhelminens Freundin? Wo wohnte Karoline? In welchem Monat werden die Trauben reif? Nennen Sie mir gefälligst die zwölf Monate. An wen beschließt Wilhelmine sogleich zu schreiben. Wofür will sie sich bei Karoline bedanken? Wie will sie ihr danken? Freut sich die Mutter über Wilhelminens Zärtlichkeit gegen die Freundin? Aber was betrübt die Mutter? Hatte Wilhelmine dem lieben Gott für die Erdbeeren, die Trauben, die köstlichen Früchte gedankt? Wie dankt man dem Freunde und der Freundin? Wie dankt man Gott? Vielleicht dadurch daß man ihn liebt?

5.
Die Maiblümchen.
Von L. Schmidt.

Die kleine Rosine, die Tochter eines armen Taglöhners, war krank; Luise, die Tochter des Amtmanns, brachte ihr, weil das kranke Kind sonst nichts genießen konnte, täglich ein Schüsselchen voll Suppe.

Als Rosine wieder gesund war, sagte sie: „Das liebe Fräulein hat mir in meiner Krankheit viel Gutes gethan. Sie selbst nahm sich immer die Mühe, mir die Suppe zu bringen. Wenn ich ihr nur auch eine kleine Freude machen könnte!"

Indessen hörte sie, daß Luise die Maiblümchen ungemein gern habe. Sie ging daher vom ersten Mai an fast täglich in den Wald, um für Luisen das erste Sträußchen von den lieblichen Blümchen zu pflücken. Nach langem Suchen erblickte sie endlich tief im Walde, im Schatten einer alten Eiche, mehrere Maiblümchen.

Wie sie nun die Blümchen voll Freude abpflückte — da hörte sie in dem nahen Dickicht zwei Räuber mit einander reden.

„Du," sagte der Eine, „jetzt können wir uns an dem Amtmanne rächen, der meinen Bruder in das Zuchthaus gebracht hat. Sieh, da hab' ich den Schlüssel zu der Thür des Amthauses, den die dumme Magd an der Hausthür stecken ließ." „Gut," sprach der Andere; „wir wollen heute Nacht den Amtmann mit Weib und Kind ermorden, und dann die volle Amtskasse ausleeren."

Rosine schlich sich mit ihren Maiblümchen erschrocken davon, brachte sie Luisen, und erzählte, was die Räuber gesagt hatten. Der Amtmann bestellte heimlich einige bewaffnete Männer, und wachte mit ihnen in dem Hausgange. Um Mitternacht kamen die Räuber wirklich zur Thür herein, wurden gefangen, und in der Folge für ihre bösen Thaten bestraft.

Der Amtmann aber sagte zu seiner Tochter: „Liebe Luise, deine Wohlthätigkeit hat über unser Haus einen großen

Segen gebracht. Du hast die arme Rosine mit ein wenig
Suppe gespeiset; sie aber hat uns allen das Leben gerettet."

Theil' mit dem Hungrigen dein Stücklein Brod,
Er rettet dich vielleicht aus größ'rer Noth.

Wessen Tochter war Rosine? Was fehlte ihr? Wer brachte
ihr die Suppe? Was brachte die Tochter des Amtmanns der
kranken Rosine? Wie oft brachte sie ihr die Suppe? Was
sagte Rosine, als sie wieder gesund war? Was hörte Rosine?
Was hatte Luise ungemein gern? Wann ging sie zum ersten
Male in den Wald? Warum ging Rosine in den Wald?
Wo erblickte sie die ersten Maiblumen? Was that sie, als
sie die beiden Räuber reden hörte? Wo waren die Räuber?
Was sprach der eine Räuber? An wem wollte er sich rächen?
Warum wollte er sich rächen? Was für einen Schlüssel hatte
er? Wer hatte den Schlüssel stecken lassen? Wo hatte die
dumme Magd den Schlüssel stecken lassen? Was erwiederte
der andere Räuber? Wen wollten sie ermorden? Und was
wollten sie ausleeren? War die Amtskasse voll? Was that
Rosine? Was that sie mit ihren Maiblümchen? Was er=
zählte sie Luisen? Wen bestellte der Amtmann? Wo wachten
die bewaffneten Männer? — Was geschah um Mitternacht?
Wovon kamen die Räuber? — Wurden sie gefangen? Wer
nahm sie gefangen? Was wiederfuhr ihnen sonst? Was hat
Rosine nach des Amtmanns Meinung gethan? Womit hatte
Luise die arme Rosine gespeiset? Wann hatte sie dieselbe ge=
speiset?

6.

Der Arzneikrämer.
Aus Schmidts Erzählungen.

Ein gut gekleideter Reisender kam an einem Sonntage
auf den Abend in eine Dorfschenke, und ließ sich ein Paar
gebratene Hühner und eine Flasche vom besten Weine geben.
Sobald er aber den ersten Bissen in den Mund steckte, fing
er an, erbärmlich zu winseln, hielt ein weißes Tuch an den

Backen, und sagte, daß er schon seit vierzehn Tagen mit entsetzlichen Zahnschmerzen geplagt sei. Alle Bauern in der Stube hatten ein großes Mitleid mit ihm.

Über eine Weile kam ein Arzneikrämer herein, setzte sich in eine Ecke, und verlangte ein Glas Branntwein. Als er hörte, was dem fremden Herrn fehle, sagte er: „Da kann ich auf der Stelle helfen!" Er langte aus seinem Kästchen ein kleines, nett zusammengelegtes Goldpapier hervor, machte es auf, und sprach: „Mein Herr! Benetzen Sie einmal Ihre Fingerspitze, tupfen Sie damit in dieses weiße Pulver, und berühren Sie damit den Zahn." Der Fremde machte es so, und rief sogleich laut aus: „Wie ist mir? Aller Schmerz ist wie weggeblasen!" Er gab dem Arzneikrämer einen großen Thaler, und nöthigte ihn, mit ihm zu essen und zu trinken.

Alle Gäste und alle Leute im Dorfe wollten nun von dem Pulver haben, und der Krämer verkaufte wohl hundert Päckchen, das Stück zu zwölf Kreuzer. Wenn nun jemand im Dorfe Zahnweh bekam, kam man sogleich mit dem Wunderpulver, und zur Verwunderung aller — half es keinem Einzigen.

Der Betrug kam endlich an den Tag. Die zwei Reisenden hatten den Handel mit einander verabredet. Das weiße Pulver war nichts, als ein wenig geschabte Kreide. Beide Betrüger aber wurden wegen dieser und ähnlicher Betrügereien in das Zuchthaus gesperrt.

Kaufst du von Fremden Arzenei'n,
So wirst du oft betrogen sein.

Wie war der Reisende gekleidet? Wann kam er in die Schenke? Was ließ er sich geben? Wie viele Hühner? Was ließ er sich dazu geben? Was that er, als er den ersten Bis=

sen in den Mund steckte? Was hielt er an den Backen? Seit wie lange hatte er Zahnschmerzen gehabt? Wer hatte Mitleid mit ihm? Wo waren die Bauern? Warum hatten die Bauern Mitleid mit dem Reisenden? Wer kam später herein? Wo setzte er sich hin? Was verlangte er? Was sagte er, nachdem er gehört hatte, was dem fremden Herrn fehle? Was langte er aus seinem Kästchen hervor? Worin lag das Goldpapier? Was sprach er, nachdem er das Goldpapier aufgemacht hatte? Was war in dem Papier? Was für Pulver? Was sollte er mit dem Pulver thun? Befolgte der Fremde den Rath? Was geschah? Wie viel gab er dem Arzneikrämer? Wozu nöthigte er ihn? Wer wollte nun von dem Pulver haben? Wie viele Päckchen verkaufte der Krämer? Wem verkaufte er das Pulver? Wie viele kostete das Päckchen? — Was that nun Jeder, wenn er Zahnweh bekam? Was wiederfuhr den Leuten mit dem Pulver? Wie war die Sache nun zu erklären? Wer hatte den Handel mit einander verabredet? Was hatten die beiden Reisenden verabredet? Woraus bestand das Pulver? Was geschah mit den Betrügern? Hatten sie schon früher Betrügereien begangen?

7.
Der Schatz im Walde.
Von L. Schmidt.

Albert besuchte in einem benachbarten Dorfe seine Großmutter, und sie schenkte ihm einen Korb voll Äpfel. Wie
er nun mit seinem Äpfelkorbe am späten Abende durch den
dunkeln Wald nach Hause ging, sah er unter einem alten
Eichbaume etwas glänzen, wie lauter Silber. „Das ist ein
Schatz!" dachte er, schüttete die Äpfel auf die Erde, füllte
den Korb mit den gefundenen Kostbarkeiten, und lief damit
voll Freude nach Hause. Als er aber den Fund am nächsten
Morgen beim Licht der Sonne betrachtete, sieh, da hatte er
für seine schönen Äpfel, die in der vergangenen Nacht von

wilden Schweinen aufgezehrt worden waren — nichts, als faules Holz.

Es ist beim Strahl des rechten Lichts
Manch Erdenglück ein glänzend Nichts.

Wen besuchte Albert? Wo lebte seine Großmutter? Was schenkte ihm seine Großmutter? Gab sie ihm viele Äpfel? Wann ging Albert durch den dunkeln Wald nach Hause? Was trug er? Was sah er unter dem alten Eichbaume? Wofür hielt er das Glänzende? Wohin schüttete er die Äpfel? Warum schüttete er die Äpfel auf die Erde? Wo lief er nun eilends hin? Was sah er, als er am folgenden Tage seinen Fund genauer betrachtete? Was war aus den Äpfeln geworden? Wer hatte sie aufgezehrt (gefressen)? Wann hatten die Schweine die Äpfel gefressen?

8.
Der Gang nach dem Eisenhammer.
Von Franz Becker.

Auf einem schönen Schlosse lebte vor langer, langer Zeit ein reicher Graf mit seiner Gemahlin, der frommen und schönen Kunigunde. Sie hatten viele Diener, aber keiner war so fromm, so gut, und so treu, als Fridolin, ein Knabe von 15 Jahren, keiner aber war so böse, so falsch und rachsüchtig, als Robert, der Jäger. Die fromme Gräfin hielt Fridolin gar hoch[1], denn er war so willig und dienstfertig, daß er ihr Alles an den Augen absah[2]. Wollte sie ihm etwas heißen zu[3] thun, so war es meist schon geschehen; der treue Knabe gab sich alle Mühe, die Wünsche seiner sanften Gebieterin schon im Voraus zu errathen und zu erfüllen. Darüber warf der böse Robert einen[4] argen Neid und Groll auf den Fridolin; zuletzt gerieth er in so große Wuth, daß er den armen Knaben gänzlich zu verder-

ben beschloß.   Zuerst suchte er ihn bei der edlen Gräfin zu
verläumden, indem er ihm mancherlei Übles Schuld gab [5],
aber die fromme Frau glaubte ihm nicht; kannte sie doch
den treuen Fridolin selbst viel besser.   Robert ward dadurch
noch grimmiger, aber auch vorsichtiger in seinem Streben,
dem verhaßten Fridolin zu schaden.   Er wendete sich nun
an den Grafen selbst.   Dem erzählte er einst, Fridolin sage
ihm bei seiner Gemahlin allerhand Böses nach [6], und der Graf,
der ein argwöhnischer und jähzorniger Mann war, glaubte
ihm dieß, zumal, da die Gräfin seit einiger Zeit nicht so
freundlich gegen ihn gewesen war, als sie es wohl sonst zu
sein pflegte.   Dieß kam aber daher [7], weil die gute Dame
eben tief bekümmert war, denn ihr jüngstes Söhnchen lag
todtkrank in der Wiege.   Der Graf jedoch glaubte, sie liebe
ihn nicht mehr, weil Fridolin ihn bei ihr verläumdet habe,
und darum beschloß er, den untreuen Diener zu verderben.

Alsbald ritt er auch hinaus in den nahen Wald, und
erkannte an den hohen Feuersäulen, die ihm entgegenleuch-
teten, gar wohl den Ort, den er aufzusuchen gedachte.   Hier
wurde nämlich in ungeheuren Öfen das Erz geschmolzen,
aus dem man das nützliche Eisen gewinnt.   Viele Monden
lang brannten da die gewaltigen Feuer unaufhörlich, und die
großen Blasebälge, die das Feuer anfachten, heulten wie ein
Sturm, der sich nie legen will.   Alles dieß gehörte dem
reichen Grafen, und die Leute alle, die dabei beschäftigt waren,
waren seine Diener und Knechte.   Zu zweien von ihnen, die
eben mächtige Holzscheite in den glühenden Ofen warfen,
und schwarz und grimmig, wie böse Geister aussahen, wendete sich der Graf und gebot ihnen:

> Den ersten, den ich sende her,
> Und der Euch also fragt:

„Habt ihr erfüllt des Herren Wort?"
Den werft mir in den Ofen dort,
Daß er zu Asche gleich vergehe
Und ihn mein Aug' nicht weiter sehe.

Eilig kehrte darauf der Graf in sein Schloß zurück, und ließ Fridolin vor sich rufen. Forschend blickte er dem Knaben in das unschuldige Antlitz, der aber blickte ihn mit den treuen Augen so furchtlos an, daß er fast bereuet hätte, was er eben thun wollte. Da fiel ihm jedoch auf's Neue ein[8], wie unfreundlich seine Gemahlin in der letzten Zeit gegen ihn gewesen war, und auf's Neue beschloß er den Frevler zu verderben. Darum gab er ihm jetzt den Befehl hinauszugehen in den Wald und die Knechte bei dem Ofen zu fragen, ob sie des Herrn Befehl erfüllt hätten. Fridolin machte sich sogleich bereit, dem Gebote zu gehorchen; vorher jedoch, wie er immer zu thun pflegte, fragte er noch die Gräfin, ob sie einen Wunsch habe, den er dabei zugleich erfüllen könne? „Nichts, mein Sohn, entgegnete die sanfte Dame, „habe ich dir jetzt zu befehlen; geh, und erfülle das Gebot deines Herrn, meines Gemahls. Doch, gehst du vorüber an einer Kirche, so tritt hinein und bete für dich, und mich, und — ach! auch für mein krankes Söhnlein!" Weiter konnte die bekümmerte Gräfin nicht sprechen, denn die Thränen rannen ihr aus den sanften Augen und Schluchzen erstickte ihre Stimme. Weinend ging Fridolin, dem das Herz bebte, als er sah, wie tief bekümmert die edle Frau war, hinweg und eilte nach dem nahen Walde. Am Saume desselben stand eine kleine Kirche und eben erklang das Glöcklein so klar und rein, daß es dem frommen Knaben dünkte, es lade ihn eine Stimme vom Himmel ein, in das heilige Haus zu treten, um sich dort im stillen Gebete mit dem lieben Gott zu unterhalten. Er gehorchte gern dieser Stimme. Demüthig sank er auf seine Knice, und sprach mit Andacht das schöne Gebet, das ihn einst die fromme Mutter gelehrt hatte. Dann bat er den lieben Gott, daß er seine edle Gebieterin tröste, und ihr Söhnlein gesund mache. Und wie er nun sein frommes Gebet vollendet hatte, da fühlte er, wie sich sanft eine Hand auf sein gesenktes Haupt legte. Er blickte empor. Der ehrwürdige Pfarrer des Kirchleins stand vor ihm, und segnete den jungen Beter, der allein gekommen war, die Pflicht der Andacht zu erfüllen. „Dein Flehen wird gehört werden," sprach der Greis zu ihm, „Du bist auf gutem Wege mein Sohn; Gott wird dich führen und leiten immerdar. Gehe hin in Frieden." Fridolin erhob sich und ging; er fühlte sich so selig, so froh. Ja er erschrack nicht einmal, als er die schwarzen grimmigen Gestalten der beiden Feuerknechte vor sich sah. Furchtlos blickte er in die dunkeln Gesichter, und fragte mit seiner hellen Knabenstimme:

„Habt ihr erfüllt des Herren Wort?"

Da lächelten die beiden Schwarzen, der eine von ihnen wies mit grimmiger Geberde nach dem glühenden Ofen, aus dem die Funken weit hin heraussprühten, und sprach:

„Der ist besorgt und aufgehoben!

Der Graf wird seine Diener loben[9]."

Über diese Rede verwunderte sich der Knabe, und blickte forschend die beiden Knechte an; dann aber ging er hinweg, und eilte, dem Grafen zu berichten, was er gehört. Der Graf ward bleich vor Schrecken und Entsetzen, als er Fridolin vor sich treten sah; denn nichts anderes glaubte er, als daß der Knabe schon längst in dem glühenden Ofen zu Asche und Staub verbrannt sei, wie es sein arger Wille gewesen. Noch mehr entsetzte er sich aber, als er erfuhr, was die beiden

Knechte auf Fridolins Frage geantwortet. So heftig und jähzornig war der Graf, daß er nicht die Zeit hatte erwarten können, bis sein grausamer Befehl an dem unschuldigen Knaben vollzogen worden war. Während Fridolin noch in der Kirche betete, sandte er schon den tückischen Robert in den Wald, die Feuerknechte zu fragen, ob sie sein Gebot erfüllt hätten. Die aber, weil es der erste war, der sie also fragte, ergriffen den Bösewicht, schleppten ihn nach dem Ofen, und warfen ihn ohne Erbarmen hinein in die prasselnde Gluth.

„Gott hat gerichtet," seufzte der Graf aus tief beklommener Brust, denn ganz deutlich sah er nun, wie Alles zusammenhing, welch tückischer Verräther der böse Robert, wie unschuldig der arme Fridolin gewesen war. Liebevoll ergriff er die Hand des Knaben und führte ihn zur frommen Gemahlin. Die trafen sie in gar großer Freude an, denn ihr Söhnlein war plötzlich gesund geworden. Der liebe Gott hatte Fridolins frommes Gebet erhört, das Gebet, das ihn ja auch bewahrt hatte, den schrecklichen Tod im Feuerofen zu sterben.

Wo lebte der Graf? Wer wohnte auf dem schönen Schlosse? Mit wem lebte er auf dem schönen Schlosse? Wer war die schöne und fromme Kunigunde? Hatte der Graf Diener? Wer war sein treuster und frömmster Diener? Wie alt war Fridolin? Was war der böse, falsche und rachsüchtige Robert? Was sagt man von ihm? Warum hielt die Gräfin Fridolin so hoch? Weshalb warf der böse Robert einen argen Neid und Groll auf den guten Fridolin? Was beschloß er? Bei wem suchte er ihn zu verläumden? Glaubte die Gräfin dem falschen Jäger? Warum glaubte sie ihm nicht? An wen wendete sich nun der falsche Jäger? Was erzählte er dem Grafen? Warum glaubte ihm der Graf? Woher kam es, daß die Dame so betrübt war? Wo lag ihr jüngstes Söhnchen? Was beschloß der Graf, welcher glaubte, daß seine Gemahlin ihn nicht mehr liebe, zu thun? Wohin ritt er? Woran erkannte er den Ort? Was wurde in dem Walde gemacht? Was gewinnt man aus Erz? Wie viele Arten von Metallen gibt es? Wie lange brannten dort die gewaltigen Feuer? Womit fachte man das Feuer an? Wem gehörte alles dieß? Wer waren die Leute, welche dabei beschäftigt waren? — Zu wem wendete sich der Graf? Was warfen die Beiden in den Ofen? Wie sahen die beiden Knechte aus? Was gebot der Graf den Knechten? Was that hierauf der Graf? Wen ließ er holen? Wie blickte er den Knaben an? Und wie blickte der Knabe den Grafen an? — Was fiel dem Grafen jedoch wieder auf's Neue ein? Was befahl jetzt der Graf dem Knaben? Wen sollte er fragen? Was sollte er fragen? Zeigte sich Fridolin bereit? Was that er noch vorher? Was antwortete die sanfte Gräfin dem Knaben? Was empfiehlt sie ihm in der Kirche zu thun? Für wen sollte Fridolin beten? Warum konnte die gute Gräfin nicht weiter sprechen? Warum weinte der fromme Fridolin? Was stand am Saume des Waldes? Was erklang in der Kirche? Ging der gute Fridolin hinein? Was für ein Gebet sprach er? Wer hatte ihn das Gebet gelehrt? Was fühlte er, nachdem er sein Gebet vollendet hatte? Wer legte die Hand auf des Knaben Haupt? Was that der ehrwürdige Pfarrer? Wiederholen Sie die Worte, welche der gute Pfarrer zu dem Knaben sprach? Erschrak Fridolin, als er die grimmigen Gestalten der Feuerknechte vor sich sah? Was that der eine von den Knechten, nachdem ihn der Knabe gefragt hatte, ob er des Herrn Wort erfüllt habe? Was sprach der Knecht dabei? Verwunderte sich der Knabe über die Rede des Knechts? Was that der Knabe, nachdem er die Knechte forschend angeblickt hatte? Warum ward der Graf bleich vor Schrecken und Entsetzen, als er Fridolin vor sich treten sah? Wen hatte der Graf in den Wald gesandt, während Fridolin in der Kirche betete? — Was hatte er dort thun lassen? Was hatten die Feuerknechte mit dem tückischen Jäger gemacht? Warum hatten die Feuerknechte den Jäger in den Ofen geworfen? Was sagte der Graf, nachdem er gesehen wie alles zusammenhing, und nachdem er gesehn, welch tückischer Verräther der böse Robert, und wie unschuldig der arme Fridolin gewesen war? Zu wem führte der Graf den Knaben? In welchem Zustande trafen sie die Gräfin? Warum war die Gräfin so erfreut? Wer hatte das Gebet Fridolins erhört?

9.
Wilhelm Tell.
Von Franz Becker.

Es sind nun etwa fünfhundert Jahre her, da lebte in der Schweiz ein braver Mann, Namens Wilhelm Tell. Der ließ keinen Armen von seiner Thüre gehen, dem er nicht ein Almosen gereicht hätte, und wo er Jemandem einen Gefallen erzeigen konnte, da that er es[10]. Darum war er aber auch bei seinen Landsleuten hoch geachtet. Nun aber regierte ein Landvoigt zu jener Zeit in der Gegend, wo der brave Tell lebte, ein gar strenger und mächtiger Ritter. Der behandelte die Leute gar hart und übermüthig, und ließ sie grausam bestrafen, wenn sie nicht auf der Stelle seinen Befehlen gehorchten. Einst hatte er den Einfall, auf dem Markte in der Stadt einen Hut auf einer Stange aufstecken zu lassen. Vor dem sollte Jeder, der vorüberging, sein Haupt entblößen, und harte Strafe den treffen, welcher diesem Befehle nicht gehorchen würde.

Tell hatte davon gehört, und als er eines Tages nach der Stadt kam, erblickte er wirklich die aufgerichtete Stange und obendrauf den Hut. Dieß erzürnte ihn gar sehr, denn er liebte die Freiheit, und war ein Feind jeder Unterdrückung und Härte. Deßhalb stellte er sich auch, wie er bei der Stange vorüberging, als ob er sie nicht sähe, oder doch nicht wüßte, was der Landvoigt für einen Befehl erlassen hatte. Der Landvoigt aber hatte einen Trabanten zu der Stange hinstellen lassen, der sollte Acht geben[11], wer den

Befehl des Landvoigts befolgte, und wer nicht. Der Trabant
sah nun gar wohl, daß Tell sein Haupt nicht entblößte,
wie es der Landvoigt doch geboten hatte, und darum rief er
seine Genossen herbei, um sich Tells zu bemächtigen[12], denn
allein getraute er sich nicht an den kühnen Mann, da Tell
gewaltige Stärke besaß und überdieß sehr beliebt bei dem
Volke war. Tell wurde nun sammt seinem Sohne Walter,
einem Knaben von zwölf Jahren, vor den Landvoigt gebracht,
der ihn mit gar drohenden und rauhen Worten empfing,
denn er hatte schon von früheren Zeiten her einen heftigen
Groll auf den muthigen Tell geworfen. Eines Tages nämlich befand sich[13] der Landvoigt auf einem hohen steilen Berge.
Als er von demselben wieder herabstieg, und sich eben auf
einem schmalen und gefährlichen Pfade befand, wo zu beiden
Seiten ein tiefer, tiefer Abgrund war, da begegnete ihm
Tell. Nun wußte aber der Landvoigt recht wohl, daß die
Leute ihn haßten, seiner Härte und Grausamkeit wegen, und
besonders war ihm auch von dem muthigen Tell berichtet worden, daß er ihn verabscheue. Darum fürchtete er sich jetzt,
ihm auf dem schmalen Pfade entgegen zu kommen, denn alle
seine Macht hätte ihm hier nichts helfen können[14], wenn Tell
die Absicht gehabt hätte, ihn in den Abgrund herabzustürzen.
Allein Tell lächelte nur, weil er deutlich sah, wie ängstlich die
Furcht und das böse Gewissen den mächtigen Landvoigt machten. Er ging vorüber, ohne ihm Etwas zu Leide zu thun[15].
Aber eben daß er dabei gelächelt hatte, das konnte ihm der
unversöhnliche Landvoigt nimmermehr verzeihen. Er freute
sich daher gar sehr, als er auf diese Weise den muthigen
Tell in seine Gewalt bekommen hatte, denn er hatte jetzt
die Gewalt ihn tödten zu lassen, weil er sein ausdrückliches
Gebot übertreten hatte. Dieß wollte er auch anfangs, aber

es gab da viele angesehene Leute, die seinen Zorn zu be=
sänftigen suchten und ihm vorstellten, daß sich der Landvoigt
das ganze Volk zum bittern Feinde machen werde, wenn er
einen so angesehenen und beliebten Mann tödten lassen wolle.
„Nun Tell,“ ließ sich der Landvoigt endlich vernehmen, „ich
will dir dein Leben schenken, aber nur unter einer Bedingung:
nimm deinen Sohn da, lege ihm einen Apfel auf den Kopf
und schieß ihn auf dreißig Schritt mit deinem Bogen herunter.
Schießt du darüber hinweg [16], so mußt du sterben; doch wird
es dir nicht fehlen, da du ein so wackerer Schütze bist.“
Erschreckt vernahmen Alle den grausamen Befehl, denn wie
leicht kann selbst die geübteste Hand ein solches Ziel ver=
fehlen? Schoß Tell darüber hinweg, so sollte er sterben,
schoß er darunter, nun so traf er ja den lieben Sohn.
Lieber [17] wäre Tell selbst gleich auf der Stelle gestorben,
als er das gräßliche Wagestück versucht hätte, aber er wußte
auch, wie dringend die Seinen, wie dringend das Vaterland
seiner bedurfte [18], er traute auf seine Kunst im Bogenschießen
und darum beschloß er, Alles zu wagen. Walter, sein
Sohn, ward ihm nun auf dreißig Schritt gegenübergestellt
und ein Apfel ihm auf den Kopf gelegt, Tell ergriff seinen
Bogen, spannte ihn, zielte — Walter rief: „Schieß Vater,
schieß!“ und in dem nämlichen Augenblicke flog der Apfel in
der Mitte von dem scharfen Pfeile gespalten, vom Haupte
des Knaben. Die Freunde Tells und das ganze Volk
jauchzte, Tell schloß den geretteten Knaben mit doppelter
Vaterliebe in seine Arme. Der Landvoigt aber machte ein
tückisches Gesicht und ließ Tell abermals zu sich rufen: „Höre
Tell,“ sprach er, „ich verspreche dir, daß dir kein Leid an
deinem Leben widerfahren soll [19], wenn du mir sagst, was
du mit dem zweiten Pfeile thun wolltest, den du hervorzogst,

2

als du auf den Apfel schoßest." „Nun, Herr, da du mir dieß versprichst, will ich es dir wohl sagen," antwortete der unerschrockene Tell. „Mit diesem Pfeile hätte ich deine Brust durchbohrt, wenn mein Söhnlein getroffen worden wäre." „Dafür bist du zeitlebens [20] mein Gefangener," schrie der ergrimmte Landvoigt, „dein Leben habe ich dir wohl zuge= sagt, aber nicht die Freiheit. Ergreift ihn, Trabanten, fesselt ihn und bringt ihn auf's Schiff." Seinem Befehle ward sogleich Folge geleistet [21] und der unglückliche Tell sah sich alsbald in der Gewalt seines bittersten Feindes, der ihn auf einem befestigten Schlosse lebenslänglich gefangen zu hal= ten gedachte. Dorthin führte der Weg über einen See und darum ließ ihn der Landvoigt auf das Schiff bringen.

Der Landvoigt selbst begab sich darauf auf das Schiff und es ruderte bald lustig in den See hinein. Kaum aber hatte man die Mitte desselben erreicht, da erhob sich ein ungeheurer Sturm, der das schwache Fahrzeug hin und her warf. Niemand war da, der es recht zu leiten verstand, und die Gefahr ward immer größer. Tell war der Einzige, der retten konnte, denn er war der geschickteste Fährmann in der ganzen Gegend. Darum entledigte man ihn jetzt seiner Fesseln, der starke Mann ergriff das Steuerruder mit geübter Hand, das Schiff gehorchte seinem Willen und steuerte lustig dem Lande zu. An einer ins Wasser hineinragenden Felsen= spitze ersah jedoch Tell seinen Vortheil [22]; mit einem gewal= tigen Sprunge schwang er sich hinüber und schleuderte das Schiff weit in den See zurück. Dann eilte er den Felsen hinauf und war bald den Blicken der Leute auf dem Schiffe verschwunden. Noch lange und gefährlich hatten die zu kämpfen, ehe sie das Land erreichten, und der Landvoigt wüthete gar arg, daß Tell entkommen war. Wie er nun in einem engen Hohlwege dahin ritt, sauste plötzlich ein Pfeil von den Felsen über ihm, und fuhr ihm tief in die Brust. „Das ist Tells Geschoß!" ächzte er und fiel alsbald sterbend vom Rosse. So war es auch. Tell hatte den Unterdrücker seiner Landsleute getödtet. Im ganzen Lande nun schaarten sich die Leute zusammen, die Ritter und Voigte, welche das Volk unterdrückten, zu vertreiben. In Kurzem war das ganze Land befreit. Der muthige Tell hatte mit seiner kühnen That das Zeichen dazu gegeben, und noch heute nennen die Nachkommen desselben mit Dank und Freude seinen Namen.

Wie lange ist es etwa her, daß Wilhelm Tell in der Schweiz lebte? Wie hieß also der brave Mann? Was ist die Schweiz für ein Land? Wo liegt die Schweiz? Was gab Wilhelm Tell den Armen die vor seine Thüre kamen? Warum war er bei seinen Landsleuten so hoch geachtet? — Wer regierte in der Gegend, wo der brave Tell lebte? — Wie behandelte der strenge und mächtige Landvoigt die Leute? Was that der Landvoigt, wenn die Leute seinen Befehlen nicht auf der Stelle gehorchen wollten? — Welchen Einfall hatte er einst? Wo wollte er die Stange aufstecken lassen? Was sollte jeder, der vorüberging, thun? Was sollte den treffen, welcher diesem Befehle nicht gehorchen würde? — Wer hatte von diesem Befehle gehört? Was erblickte Tell, als er eines Tages nach der Stadt kam? Warum erzürnte ihn dieses? Wissen Sie, was das Entblößen des Hauptes bedeuten sollte? Was that Tell deßhalb, als er bei der Stange vorüberging? — Wen hatte der Landvoigt zu der Stange hinstellen lassen? Wozu stand der Trabant bei der Stange? Was sah der Trabant, als Tell vorüberging? Warum rief der Trabant seine Genossen herbei? Warum getraute der Trabant sich nicht allein an den kühnen Tell? Bei wem war Tell beliebt? Vor wen wurde nun Tell gebracht? Wer war bei ihm? Wie alt war Tells Sohn? Wie empfing der Landvoigt Tell? Weßhalb empfing er den Tell mit drohenden Worten? Weßhalb grollte der Landvoigt schon lange? Warum haßt der Unterdrücker wohl den freien

2*

Mann? Wo befand sich der Vogt eines Tages? Wo begegnete Tell dem Landvogt? Was war zu beiden Seiten des schmalen Fußpfades? Was wußte der Landvogt? Warum haßten ihn die Leute? Was war dem Landvogt von dem muthigen Tell berichtet worden? Warum fürchtete er sich Tell hier zu begegnen? Warum lächelte Tell? Was konnte der Landvogt dem Tell nimmermehr verzeihen? Weßhalb freute sich jetzt der Landvogt Tell in seiner Gewalt zu haben? — Was wollte er anfangs mit Tell machen? — Wer suchte den Zorn des Voigtes zu besänftigen? Was stellte man dem Landvoigt vor? — Was sagte nun der Landvogt zu Tell? Unter welcher Bedingung wollte er ihm das Leben schenken? Was sollte Tell thun? — Wie nahmen Alle, die diesen grausamen Befehl vernahmen, denselben auf? Was beschloß Tell zu thun? Worauf traute er? Was bewog ihn besonders das Gräßliche zu wagen? Wer ward ihm nun gegenüber gestellt? Auf wie viele Schritte? Was legte man ihm auf den Kopf? Was ergriff Tell? Was machte er mit seinem Bogen? Wo stand sein Sohn? Was rief Walter aus? Traf der Vater den Apfel? Was hatte den Apfel gespalten? Wer jauchzte? Was thaten die Freunde Tell's und das Volk? Wen schloß Tell mit doppelter Vaterliebe in seine Arme? Was war der Grund davon und war dieser Grund zureichend? Was that Tell? Was spricht hierauf der Voigt zu Tell? Was antwortete der unerschrockene Tell dem Voigte? Was würde Tell mit dem Pfeile gemacht haben, wenn er die Brust seines Söhnleins getroffen hätte? Was befiehlt hierauf der ergrimmte Voigt seinen Trabanten? — Wurde dem Befehle Tells Folge geleistet? Wo gedachte der Voigt Tell lebenslänglich gefangen zu halten? Warum ließ der Voigt Tell auf ein Schiff bringen? — Was that der Landvogt selbst? — Was erhob sich, als man die Mitte des See's erreicht hatte? Wo waren sie, als sich der ungeheure Sturm erhob? War Jemand da, der das Schiff zu leiten verstand? Wer konnte die im Schiffe befindlichen Menschen allein retten? Warum Tell? Was nahm man ihm ab? — Was ergriff er? Wo ersah Tell seinen Vortheil? Was that Tell, als er an der in's Wasser hineinragenden Felsenspitze angekommen war? Wohin eilte er? Erreichten die andern endlich das Land? Weßhalb wüthete der Landvoigt? Wo ritt er, als ihm Tell's Pfeil in die Brust fuhr? Was rief der Voigt dabei aus? Wer hatte den Landvoigt getödtet? Was thaten nun die Leute im ganzen Lande? Wer hatte das Zeichen zur Befreiung des Landes gegeben? Wie nennen noch heute die Nachkommen Tells seinen Namen? —

10.

Sneewittchen.

Aus Grimm's Volksmärchen.

Es war einmal mitten im Winter, und die Schnee= flocken fielen wie Federn vom Himmel herab, da saß eine Königin an einem Fenster, das einen Rahmen von schwarzem Ebenholz hatte, und nähte. Und wie sie so nähte und nach dem Schnee aufblickte, stach sie sich mit der Nadel in den Finger, und es fielen drei Tropfen Blut in den Schnee. Und weil das Rothe im weißen Schnee so schön aussah, dachte sie bei sich: „hätt ich ein Kind so weiß wie Schnee, so roth wie Blut, und so schwarz wie das Holz an dem Rahmen." Bald darauf bekam sie ein Töchterlein, das war so weiß wie Schnee, so roth wie Blut und so schwarzhaarig wie Ebenholz, und wurde darum das Sneewittchen (Schnee= weißchen) genannt. Und wie das Kind geboren war, starb die Königin.

Über ein Jahr nahm sich der König eine andere Ge= mahlin. Es war eine schöne Frau, aber sie war stolz und übermüthig, und konnte nicht leiden, daß sie an Schönheit von jemand sollte übertroffen werden. Sie hatte einen wun= derbaren Spiegel, wenn sie vor den trat, und sich darin beschaute, sprach sie:

„Spieglein, Spieglein an der Wand,
Wer ist die schönste im ganzen Land?"

so antwortete der Spiegel:

„Frau Königin, ihr seid die schönste im Land."
Da war sie zufrieden, denn sie wußte, daß der Spiegel die
Wahrheit sagte.

Sneewittchen aber wuchs heran, und wurde immer
schöner, und als es sieben Jahr alt war, war es so schön,
wie der klare Tag, und schöner als die Königin selbst. Als
diese einmal ihren Spiegel fragte

„Spieglein, Spieglein an der Wand,

Wer ist die schönste im ganzen Land?"
so antwortete er:

„Frau Königin, ihr seid die Schönste hier,

Aber Sneewittchen ist tausendmal schöner als ihr."
Da erschrack die Königin, und ward gelb und grün vor
Neid. Von Stund an, wenn sie Sneewittchen erblickte,
kehrte sich ihr das Herz im Leibe herum, so haßte sie das
Mädchen. Und der Neid und Hochmuth wuchsen, und wur=
den so groß in ihr, daß sie Tag und Nacht keine Ruhe mehr
hatte. Da rief sie einen Jäger, und sprach: „bring das Kind
hinaus in den Wald, ich will's nicht mehr vor meinen Augen
sehen. Dort sollst du's tödten, und mir Lunge und Leber
zum Wahrzeichen mitbringen." Der Jäger gehorchte, und
führte es hinaus, und als er den Hirschfänger gezogen hatte,
und Sneewittchens unschuldiges Herz durchbohren wollte, fing
es an zu weinen, und sprach: „ach lieber Jäger, laß mir
mein Leben; ich will in den wilden Wald laufen, und nim=
mermehr wieder heim kommen." Und weil es so schön war,
hatte der Jäger Mitleiden und sprach: „so lauf hin, du armes
Kind." „Die wilden Thiere werden dich bald gefressen
haben", dachte er, und doch war's ihm, als wär ein Stein
von seinem Herzen gewälzt, weil er es nicht zu tödten

brauchte. Und weil gerade ein junger Frischling daher gesprungen kam, stach er ihn ab, nahm Lunge und Leber heraus, und brachte sie als Wahrzeichen der Königin mit. Der Koch mußte sie in Salz kochen, und das boshafte Weib aß sie auf, und meinte sie hätte Sneewittchens Lunge und Leber gegessen.

Nun war das arme Kind in dem großen Wald mutterselig allein, und ward ihm so angst, daß es alle Blätter an den Bäumen ansah, und nicht wußte, wie es sich helfen sollte. Da fing es an zu laufen, und lief über die spitzen Steine und durch die Dornen, und die wilden Thiere sprangen an ihm vorbei, aber sie thaten ihm nichts. Es lief so lange nur die Füße noch fort konnten, bis es bald Abend werden wollte, da sah es ein kleines Häuschen, und gieng hinein sich zu ruhen. In dem Häuschen war alles klein, aber so zierlich und reinlich, daß es nicht zu sagen ist. Da stand ein weiß gedecktes Tischlein mit sieben kleinen Tellern, jedes Tellerlein mit seinem Löffelein, ferner sieben Messerlein und Gäblein, und sieben Becherlein. An der Wand waren sieben Bettlein neben einander aufgestellt, und schneeweiße Laken darüber gedeckt. Sneewittchen, weil es so hungrig und durstig war, aß von jedem Tellerlein ein wenig Gemüs und Brot, und trank aus jedem Becherlein einen Tropfen Wein; denn es wollte nicht einem allein alles wegnehmen. Hernach, weil es so müde war, legte es sich in ein Bettchen, aber keins paßte; das eine war zu lang, das andere zu kurz, bis endlich das siebente recht war, und darin blieb es liegen, befahl sich Gott, und schlief ein.

Als es nun ganz dunkel war, kamen die Herren von dem Häuslein, das waren sieben Zwerge, die in den Bergen nach Erz hackten und gruben. Sie zündeten ihre sieben

Lichtlein an, und wie es nun hell im Häuslein ward, sahen
sie, daß Jemand darin gewesen war, denn es stand nicht al=
les so in der Ordnung, wie sie es verlassen hatten.

Der erste sprach: „wer hat auf meinem Stühlchen gesessen?“
Der zweite: „wer hat von meinem Tellerchen gegessen?“
Der dritte: „wer hat von meinem Brötchen genommen?“
Der vierte: „wer hat von meinem Gemüschen gegessen?“
Der fünfte: „wer hat mit meinem Gäbelchen gestochen?“
Der sechste: „wer hat mit meinem Messerchen geschnitten?“
Der siebente: „wer hat aus meinem Becherlein getrunken?“
Dann sah sich der erste um, und sah daß auf seinem Bett
eine kleine Dälle war, da sprach er: „wer hat in mein Bettchen
getreten?“ Die andern kamen gelaufen, und riefen: „in
meinem hat auch jemand gelegen.“ Der siebente aber, als
er in sein Bett sah, erblickte Schneewittchen, das lag darin
und schlief. Nun rief er die andern, die kamen herbeigelau=
fen, und schrien vor Verwunderung, holten ihre sieben Licht=
lein, und beleuchteten Sneewittchen. „Ei, du mein Gott!
ei, du mein Gott!“ riefen sie, „was ist das Kind schön!“
und hatten so große Freude, daß sie es nicht aufweckten,
sondern im Bettlein fortschlafen ließen. Der siebente Zwerg
aber schlief bei seinen Gesellen, bei jedem eine Stunde, da
war die Nacht herum.

Als es Morgen war, erwachte Sneewittchen, und
wie es die sieben Zwerge sah, erschrak es. Sie waren aber
freundlich, und fragten: „wie heißt du?“ „Ich heiße Snee=
wittchen“ antwortete es. „Wie bist du in unser Haus ge=
kommen?“ sprachen weiter die Zwerge. Da erzählte es ih=
nen, daß seine Stiefmutter es hätte wollen umbringen lassen,
der Jäger hätte ihm aber das Leben geschenkt, und da wär
es gelaufen den ganzen Tag, bis es endlich ihr Häuslein ge=

funden hätte. Die Zwerge sprachen: „willst du unsern Haus=
halt versehen, kochen, betten, waschen, nähen und stricken,
und willst du alles ordentlich und reinlich halten, so
kannst du bei uns bleiben, und es soll dir an nichts feh=
len." Das versprach Sneewittchen, und blieb bei ihnen.
Es hielt ordentlich Haus: Morgens giengen sie in die Berge,
und suchten Erz und Gold, Abends kamen sie wieder, und
da mußte das Essen bereit sein. Den Tag über war das
Mädchen allein, da warnten es die guten Zwerglein und
sprachen: „hüte dich vor deiner Stiefmutter, die wird bald
wissen, daß du hier bist, laß ja niemand herein."

Die Königin aber, nachdem sie Sneewittchens Lunge
und Leber glaubte gegessen zu haben, dachte nicht anders, als
sie wäre wieder die erste und allerschönste, trat vor ihren
Spiegel, und sprach:

> „Spieglein, Spieglein an der Wand,
> Wer ist die schönste im ganzen Land?"

Da antwortete der Spiegel:

> „Frau Königin, ihr seid die schönste hier,
> Aber Sneewittchen über den Bergen
> Bei den sieben Zwergen
> Ist tausendmal schöner als ihr.

Da erschrack sie, denn sie wußte, daß der Spiegel keine Un=
wahrheit sprach, und merkte, daß der Jäger sie betrogen hatte,
und Sneewittchen noch am Leben war. Und da sann und
sann sie aufs neue, wie sie es umbringen wollte; denn so
lange sie nicht die schönste war im ganzen Lande, ließ ihr
der Neid keine Ruhe. Und als sie sich endlich etwas ausge=
dacht hatte, färbte sie sich das Gesicht, und kleidete sich wie
eine alte Krämerin, und war ganz unkenntlich. In dieser
Gestalt ging sie über die sieben Berge zu den sieben Zwer=

gen, klopfte an die Thüre, und rief: „schöne Waare feil!
feil!" Sneewittchen guckte zum Fenster heraus, und rief: „gu=
ten Tag, liebe Frau, was habt ihr zu verkaufen?" „Gute
Waare, schöne Waare," antwortete sie, „Schnürriemen von
allen Farben," und holte einen hervor, der aus bunter Seide
geflochten war. „Die ehrliche Frau kann ich herein lassen",
dachte Sneewittchen, riegelte die Thür auf, und kaufte sich
den hübschen Schnürriemen. „Kind," sprach die Alte, „wie
du aussiehst! komm, ich will dich einmal ordentlich schnüren."
Sneewittchen hatte kein Arg, stellte sich vor sie, und ließ sich
mit dem neuen Schnürriemen schnüren; aber die Alte schnürte
geschwind, und schnürte so fest, daß dem Sneewittchen der
Athem verging, und es für todt hinfiel. „Nun bist du die
schönste gewesen", sprach sie, und eilte hinaus.

Nicht lange darauf, zur Abendzeit, kamen die sieben
Zwerge nach Haus, aber wie erschracken sie, als sie ihr lie=
bes Sneewittchen auf der Erde liegen sahen, und es regte
und bewegte sich nicht, als wäre es todt. Sie hoben es in
die Höhe, und weil sie sahen, daß es zu fest geschnürt war,
schnitten sie den Schnürriemen entzwei, da fing es an ein
wenig zu athmen, und ward nach und nach wieder lebendig.
Als die Zwerge hörten, was geschehen war, sprachen sie: „die
alte Krämerfrau war niemand, als die gottlose Königin, hüte
dich, und laß keinen Menschen herein, wenn wir nicht bei dir sind."

Das böse Weib aber, als es nach Haus gekommen
war, ging vor den Spiegel und fragte:

„Spieglein, Spieglein an der Wand,
Wer ist die schönste im ganzen Land?"

Da antwortete er wie sonst:

„Frau Königin, ihr seid die schönste hier,
Aber Sneewittchen über den Bergen

Bei den sieben Zwergen

Ist noch tausendmal schöner als ihr."

Als sie das hörte, lief ihr alles Blut zum Herzen, so erschrack sie, denn sie sah wohl, daß Sneewittchen wieder lebendig geworden war. "Nun aber," sprach sie, "will ich etwas ausfinnen, daß dich zu Grunde richten soll," und mit Hexenkünsten, die sie verstand, machte sie einen giftigen Kamm. Dann verkleidete sie sich, und nahm die Gestalt eines andern alten Weibes an. So ging sie hin über die sieben Berge zu den sieben Zwergen, klopfte an die Thüre, und rief: "gute Waare feil! feil!" Sneewittchen schaute heraus, und sprach: "geht nur weiter, ich darf niemand hereinlassen." "Das Ansehen wird dir doch erlaubt sein," sprach die Alte, zog den giftigen Kamm heraus, und hielt ihn in die Höhe. Da gefiel er dem Kinde so gut, daß es sich bethören ließ, und die Thüre öffnete. Als es den Kamm erhandelt hatte, sprach die Alte: "nun will ich dich einmal ordentlich kämmen." Das arme Sneewittchen dachte an nichts, und ließ die Alte gewähren, aber kaum hatte sie den Kamm in die Haare gesteckt, als das Gift darin wirkte, und das Mädchen ohne Besinnung niederfiel. "Du Ausbund von Schönheit," sprach das boshafte Weib, "jetzt ist's um dich geschehen" und ging fort. Zum Glück aber war es bald Abend, wo die sieben Zwerglein nach Haus kamen. Als sie Sneewittchen wie todt auf der Erde liegen sahen, hatten sie gleich die Stiefmutter in Verdacht, suchten nach, und fanden den giftigen Kamm, und kaum hatten sie ihn herausgezogen, so kam Sneewittchen wieder zu sich, und erzählte, was vorgegangen war. Da warnten sie es noch einmal auf seiner Hut zu sein, und niemand die Thüre zu öffnen.

Die Königin stellte sich daheim vor den Spiegel, und sprach:

„Spieglein, Spieglein an der Wand,
    Wer ist die schönste im ganzen Land?"
Da antwortete er, wie vorher

„Frau Königin, ihr seid die schönste hier,
    Aber Sneewittchen über den Bergen
    Bei den sieben Zwergen
    Ist noch tausendmal schöner als ihr."

Als sie den Spiegel so reden hörte, zitterte und bebte sie vor Zorn. „Sneewittchen soll sterben," rief sie, „und wenn es mein eigenes Leben kostet." Darauf ging sie in eine ganz verborgene einsame Kammer, und machte da einen gifti= gen Apfel. Aeußerlich sah er schön aus, weiß mit rothen Backen, daß jeder, der ihn erblickte, Lust darnach bekam, aber wer ein Stückchen davon aß, der mußte sterben. Als der Apfel fertig war, färbte sie sich das Gesicht, und verklei= dete sich in eine Bauersfrau, und so ging sie über die sieben Berge zu den sieben Zwergen. Sie klopfte an, Sneewittchen streckte den Kopf zum Fenster heraus, und sprach „ich darf keinen Menschen einlassen, die sieben Zwerge haben mir's ver= boten." „Mir auch recht," antwortete die Bäuerin, „meine Aepfel will ich schon los werden. Da, einen will ich dir schenken." „Nein," sprach Sneewittchen, „ich darf nichts annehmen." „Fürchtest du dich vor Gift?" sprach die Alte, „siehst du, da schneide ich den Apfel in zwei Theile; den ro= then Backen iß du, den weißen will ich essen." Der Apfel war aber so künstlich gemacht, daß der rothe Backen allein vergiftet war. Sneewittchen lusterte den schönen Apfel an, und als es sah, daß die Bäuerin davon aß, so konnte es nicht länger wiederstehen, streckte die Hand hinaus, und nahm die giftige Hälfte. Kaum aber hatte es einen Bissen davon im Mund, so fiel es todt zur Erde nieder. Da be=

trachtete es die Königin mit grausigen Blicken, und lachte überlaut, und sprach: „weiß wie Schnee, roth wie Blut, schwarz wie Ebenholz! diesmal können dich die Zwerge nicht wieder erwecken." Und als sie daheim den Spiegel befragte:

„Spieglein, Spieglein an der Wand,

Wer ist die schönste im ganzen Land?"

so antwortete er endlich

„Frau Königin, ihr seid die schönste im Land."

Da hatte ihr neidisches Herz Ruhe, so gut ein neidisches Herz Ruhe haben kann.

Die Zwerglein, wie sie Abends nach Haus kamen, fanden Sneewittchen auf der Erde liegen, und regte sich kein Athem mehr, und es war todt. Sie hoben es auf, suchten, ob sie was giftiges fänden, schnürten es auf, kämmten ihm die Haare, wuschen es mit Wasser und Wein, aber es half alles nichts; das liebe Kind war todt, und blieb todt. Sie legten es auf eine Bahre, und setzten sich alle sieben daran, und beweinten es, und weinten drei Tage lang. Da wollten sie es begraben, aber es sah noch so frisch aus, wie ein lebender Mensch, und hatte noch seine schönen rothen Backen. Sie sprachen: „das können wir nicht in die schwarze Erde versenken," und ließen einen durchsichtigen Sarg von Glas machen, daß man es von allen Seiten sehen konnte, legten es hinein, und schrieben mit goldenen Buchstaben seinen Namen darauf, und daß es eine Königstochter wäre. Dann setzten sie den Sarg hinaus auf den Berg, und einer von ihnen blieb immer dabei, und bewachte ihn. Und die Thiere kamen auch, und beweinten Sneewittchen, erst eine Eule, dann ein Rabe, zuletzt ein Täubchen.

Nun lag Sneewittchen lange lange Zeit in dem Sarg, und verweste nicht, sondern sah aus, als wenn es schliefe, denn es war noch so weiß als Schnee, so roth als Blut, und so schwarzhaarig wie Ebenholz. Es geschah aber, daß ein Königssohn in den Wald gerieth, und zu dem Zwergen= haus kam, da zu übernachten. Er sah auf dem Berg den Sarg, und das schöne Sneewittchen darin, und las, was mit goldenen Buchstaben darauf geschrieben war. Da sprach er zu den Zwergen „laßt mir den Sarg, ich will euch geben, was ihr dafür haben wollt." Aber die Zwerge antworteten: „wir geben ihn nicht um alles Gold in der Welt." Da sprach er: „so schenkt mir ihn, denn ich kann nicht leben ohne Sneewittchen zu sehen, ich will es ehren und hochachten wie mein Liebstes." Wie er so sprach, empfanden die guten Zwerg= lein Mitleid mit ihm, und gaben ihm den Sarg. Der Kö= nigssohn ließ ihn nun von seinen Dienern auf den Schultern forttragen. Da geschah es, daß sie über einen Strauch stol= perten, und von dem Schüttern fuhr der giftige Apfelgrütz, den Sneewittchen abgebissen hatte, aus dem Hals. Und nicht lange, so schlug es die Augen auf, richtete sich in die Höhe, und war wieder lebendig. „Ach Gott, wo bin ich?" rief es. Der Königssohn sagte vor Freude: „du bist bei mir," und erzählte, was sich zugetragen hatte, und sprach: „ich habe dich lieber, als alles auf der Welt; komm mit mir in mei= nes Vaters Schloß, du sollst meine Gemahlin werden." Da war ihm Sneewittchen gut, und ging mit ihm, und ihre Hochzeit ward mit großer Pracht und Herrlichkeit angeordnet.

Zu dem Feste wurde aber auch Sneewittchens gottlose Stiefmutter eingeladen. Wie sie sich nun mit schönen Klei= dern angethan hatte, trat sie vor den Spiegel, und sprach:

„Spieglein, Spieglein an der Wand,
Wer ist die schönste im ganzen Land?"
Der Spiegel antwortete:

„Frau Königin, ihr seid die schönste hier,

Aber die junge Königin ist tausendmal schöner als ihr."

Da stieß das böse Weib einen Fluch aus, und ward ihr so angst, so angst, daß sie sich nicht zu lassen wußte. Sie wollte zuerst gar nicht auf die Hochzeit kommen, doch ließ es ihr keine Ruhe, sie mußte fort, und die junge Königin sehen. Und wie sie hineintrat, erkannte sie Sneewittchen, und vor Angst und Schrecken stand sie da, und konnte sich nicht regen. Aber es waren schon eiserne Pantoffeln über Kohlenfeuer gestellt, und wurden glühend herein gebracht: da mußte sie die feuerrothen Schuhe anziehen, und darin tanzen, daß ihr die Füße jämmerlich verbrannten: und sie durfte nicht aufhören, bis sie sich todt getanzt hatte.

In welcher Jahrszeit fallen die Schneeflocken vom Himmel herab? Wer saß an einem Fenster? Wo saß die Königin? Woraus bestand der Rahmen an dem Fenster? Wie sieht Ebenholz aus? Was that die Königin? Was geschah, während sie so nähte? Womit stach sie sich in den Finger? Wie viele Tropfen Blut fielen in den Schnee? Was dachte die Königin bei sich, da sie sah, daß das Rothe so schön im weißen Schnee aussah? Was bekam sie bald darauf? Wie sah das Töchterlein aus? Wie wurde ihr Töchterlein genannt? — Warum nannte man es Sneewittchen? — Wann starb die Königin? Was that der König nach einem Jahre? Was für Eigenschaften hatte die neue Frau? War sie häßlich oder schön? Was konnte sie nicht leiden? Was sprach sie, wenn sie sich in ihrem wunderbaren Spiegel beschaute? Wann sprach sie: „Spieglein, Spieglein an der Wand?" Antwortete ihr der Spiegel? Und was sagte er? Warum war sie dann zufrieden? Aber Sneewittchen wie ging es der? Wie alt war Sneewittchen, als sie schöner als die Königin selbst war? Was antwortete ihr der Spiegel eines Tages? Welchen Eindruck machte die Antwort auf die Königin? Warum erschrak die Königin? Liebte sie Sneewittchen noch? Wen rief sie? Was sollte der Jäger thun? Was sollte er mit dem Kinde in dem

Walde machen? Und was sollte er der grausamen Mutter zum Wahrzeichen mitbringen? Gehorchte der Jäger? Wo führte er das Kind hin? Was that Sneewittchen, als der Jäger seinen Hirschfänger gezogen hatte, um des Kindes unschuldiges Herz zu durchbohren? Wann fing Sneewittchen an zu weinen? — Was sprach es zu dem Jäger? Warum hatte der Jäger Mitleid? Was dachte er dabei? Wer würde das Kind fressen? Wie war ihm nun zu Muthe? Weshalb war's ihm nun, als ob ein Stein von seinem Herzen gewälzt wäre? Wer kam gerade daher gesprungen? — Warum stach er ihn ab? Was wollte er mit Lunge und Leber machen? Was mußte der Koch thun? Was that die boshafte Königin? Was meinte sie? Wo war das arme Sneewittchen? Wie war dem armen Kinde im Walde zu Muthe? Was sah es an? Was that es nachher? Thaten ihm die wilden Thiere etwas zu Leide? — Was sah es gegen Abend? Ging Sneewittchen in das kleine Häuschen hinein? Was wollte Sneewittchen in dem Häuschen machen? Wie sah alles in dem Häuschen aus? — Was stand in dem Zimmer des Häuschens? — Wie viele Teller standen auf dem Tischlein? War das Tischlein gedeckt? Was stand außer den Tellerlein noch auf dem Tische? — Wo standen die Bettlein neben einander aufgestellt? Wie viele Bettlein waren es? — Wie sahen die Laken aus? — Was aß Sneewittchen nun von jedem Tellerchen? — Warum aß Sneewittchen? Wie viel Wein trank es aus jedem Becherlein? — Warum trank und aß Sneewittchen so wenig? — Was that Sneewittchen, nachdem es gegessen und getrunken hatte? Paßte das Bettchen? Warum paßte das Bettchen nicht? Welches Bett war weder zu lang noch zu kurz? Wann kamen die Herren von dem Häuslein? Wer waren die Herren von dem Häuslein? — Was machten die Zwerge in den Bergen? Wie viele Zwerge waren es? Was zündeten sie an? Was sahen sie, als es hell im Häuschen ward? — Was sprach der erste? Wie viele Stühlchen waren in dem Zimmer? Was sagte der zweite Zwerg? Was hatte Sneewittchen von dem Tellerchen des Zweiten gegessen? — Was sagte der dritte? Wem gehörte das Brötchen? Hatte Sneewittchen viel davon gegessen? — Was sagte der vierte? — Was der fünfte? Was der sechste? Was der siebente? Auf wessen Stühlchen

hatte Sneewittchen gesessen? Von wessen Tellerchen hatte es
gegessen? Von wessen Brötchen hatte es genommen? Von
wessen Gemüschen hatte es gegessen? Mit wessen Gäbelchen
hatte es gestochen? Mit wessen Messerchen hatte es geschnitten?
Aus wessen Becherlein hatte es getrunken? — Was bemerkte
jetzt der erste auf seinem Bettchen? — Was sagten die andern,
als sie ihr Bett untersuchten? Wen erblickte der siebente in
seinem Bettchen?.— Was thaten die andern, als sie Sneewittchen in dem Bette sahen? Freuten sie sich über Sneewittchen? Warum hatten sie so große Freude? Weckten die
Zwerge Sneewittchen auf? — Bei wem schlief der siebente
Zwerg diese Nacht? Wie lange schlief er bei jedem? —
Wann erwachte Sneewittchen? Warum erschrack es? Was
fragten die Zwerge Sneewittchen? Antwortete Sneewittchen
den Zwergen? Was erzählte es nun den Zwergen? Wer hatte
es umbringen lassen wollen? Wer hatte ihm das Leben geschenkt?
Was sprachen hierauf die Zwerge, nachdem sie Sneewittchens
Erzählung angehört hatten? — Konnte Sneewittchen alle diese
Arbeiten versehen? Blieb es bei den Zwergen? Was für
Arbeit sollte es dort thun? — Wann gingen die Zwerge gewöhnlich in die Berge? — Was suchten sie dort? — Wann
kehrten sie von den Bergen zurück? — Was mußte des Abends
bereit sein? Wer bereitete das Essen? Wer war den Tag
über bei Sneewittchen? Was empfahlen die Zwerge dem Mädchen besonders an? — Was glaubte nun die Königin, nachdem sie Sneewittchens Lunge und Leber gegessen hatte? Warum
glaubte sie, daß sie die schönste wäre? — Was antwortete
ihr der Spiegel? — Weshalb erschrack sie nun? — Was
merkte sie nun, in Bezug auf das Leben Sneewittchens? Was
that die Königin, nachdem sie sich etwas ausgedacht hatte? Wie
kleidete sie sich an? Wen wollte sie umbringen? Über wie
viele Berge ging sie nun? Zu wem ging sie? Wo wohnten
die sieben Zwerge? Was that sie, als sie dort angekommen
war? Was sprach sie, indem sie an die Thüre klopfte? Wo
war Sneewittchen? Sprach Sneewittchen mit der alten Krämerin? Was sagte sie zu ihr? Was verkaufte die Krämerin?
Woven waren die Schnürriemen geflochten? Weshalb ließ
Sneewittchen die Alte herein? War die Krämerin ehrlich?
Was kaufte Sneewittchen? Wer verkaufte die Schnürriemen?

3

Wer schnürte Sneewittchen? Was war die Folge davon? Was sagte die Alte, nachdem sie das arme Mädchen zu Tode geschnürt hatte? Wann kamen die sieben Zwerge nach Haus? Worüber erschracken die Zwerge? Was thaten die Zwerge, als sie sahen, daß es zu fest geschnürt war? Wurde Sneewittchen wieder lebendig? Wußten die Zwerge, wer die alte Krämerfrau war? Was riethen die Zwerge nun dem armen Sneewittchen? Was that das böse Weib, als es nach Haus gekommen war? Was antwortete ihr der Spiegel? Weshalb erschrak sie, als sie dies hörte? Was machte sie nun? Wie machte sie den giftigen Kamm? Wie verkleidete sie sich? Wessen Gestalt nahm sie an? — Was rief sie, nachdem sie bei den sieben Zwergen angekommen war? — Wer stand am Fenster? Was sprach Sneewittchen zu der Alten? Was zeigte die Alte dem Sneewittchen? Was that die Alte mit dem Kamme? Warum öffnete Sneewittchen die Thüre? — Was wollte die Alte mit dem Kamme machen, nachdem ihn Sneewittchen gekauft hatte?

Was geschah, nachdem die Alte den Kamm in die Haare des Mädchens gesteckt hatte? — Ging die Alte jetzt fort? Was sprach sie dabei? — Wann kamen die sieben Zwerge zurück? — Wo fanden die Zwerge Sneewittchen? Wen hatten die Zwerge nun in Verdacht? — Wo fanden sie den giftigen Kamm? Zogen sie den Kamm heraus? — Was that die Königin, nachdem sie zu Hause angekommen war? — Weshalb bebte sie vor Zorn? — Wo ging sie nun hin? Was machte sie in der einsamen Kammer? Wie sah der Apfel äußerlich aus? Was widerfuhr dem, welcher ein Stückchen von dem Apfel aß? Was that die Alte, nachdem der Apfel fertig war? — Warum öffnete Sneewittchen die Thüre nicht? Was bot die Bäuerin jetzt dem Mädchen an? Nahm Sneewittchen den Apfel an? Warum durfte Sneewittchen nichts annehmen? Wer hatte es ihr verboten? — In wie viele Theile schnitt die Alte den Apfel? Wer sollte den weißen Theil essen, und wer den rothen Theil? — Welcher Backen war vergiftet? Was that Sneewittchen, als es sah, daß die Bäuerin von dem Apfel aß? — Was geschah, nachdem es einen Bissen in den Mund gesteckt hatte? — Was sprach die Königin, als sie Sneewittchen todt vor sich liegen sah? — Welche Antwort gab ihr nun der Spiegel, als sie ihn befragte, wer die schönste im Lande sei? — Wo fanden die Zwerge Sneewittchen, als sie Abends nach Haus kamen? — Was machten sie mit dem armen Kinde? Womit wuschen sie es? Half es? Wo legten die Zwerge Sneewittchen hin? Wie lange beweinten die Zwerge das Kind? Wie sah Sneewittchen aus, als sie es begraben wollten? Was für einen Sarg ließen sie machen? — Was schrieben sie auf den Sarg? Womit schrieben sie den Namen Sneewittchens? Wo setzten sie nun den Sarg hin? Wie viele Zwerge blieben bei dem Sarge? — Wer beweinte Snee-wittchen, außer den Zwergen? Wer kam zuletzt? Wie sah Sneewittchen in dem gläsernen Sarge aus? Wer kam einst in den Wald? Warum wollte der Königssohn bei den Zwer-gen bleiben? — Was sah der Königssohn bei den Zwergen? Was las er auf dem Sarge? Was bietet der Königssohn den Zwergen an? Welche Antwort erhielt er von den Zwergen? Was thaten die Zwerge zuletzt, nachdem sie der Königssohn so lange um den Sarg gebeten hatte? — Wie ließ der Königs-sohn den Sarg forttragen? — Wer stolperte über den Strauch? Wen trugen die Diener? Was fuhr aus Sneewittchens Halse? — Wer hatte ihm den giftigen Apfelgrütz gegeben? Ward Sneewittchen wieder lebendig? Wer war bei ihm? — Was sagte der Königssohn zu Sneewittchen? — Was sollte in des Königs Schloße gefeiert werden? Wer wurde zu dem Feste eingeladen? Was that die gottlose Stiefmutter, nachdem sie sich mit den schönen Kleidern angethan hatte? — Wie ward ihr, nachdem sie die Antwort des Spiegels vernommen hatte? Ging sie zuletzt doch auf die Hochzeit? Wen wollte sie dort sehen? — Was geschah, als sie hineintrat? Was hatte man über das Kohlenfeuer gestellt? Was mußte die gottlose Stief-mutter thun? Wann hörte sie auf zu tanzen?

11.

Dornröschen.

Aus Grimm's Erzählungen.

Vor Zeiten war ein König und eine Königin, die spra-chen jeden Tag, „ach, wenn wir doch ein Kind hätten!" und kriegten immer keins. Da trug sich zu, als die Köni-

3 *

gin einmal im Bade saß, daß ein Frosch aus dem Wasser
ans Land kroch, und zu ihr sprach: „dein Wunsch soll er=
füllt werden, du wirst eine Tochter zur Welt bringen." Was
der Frosch vorausgesagt hatte, das geschah, und die Königin
gebar ein Mädchen, das war so schön, daß der König vor
Freude sich nicht zu lassen wußte, und ein großes Fest an=
stellte. Er ladete nicht bloß seine Verwandte, Freunde und
Bekannte, sondern auch die weisen Frauen dazu ein, damit
sie dem Kinde hold und gewogen würden. Es waren ihrer
dreizehn in seinem Reiche, weil er aber nur zwölf goldene
Teller hatte, von welchen sie essen sollten, konnte er eine
nicht einladen. Die geladen waren, kamen zu rechter Zeit,
und als das Fest vorbei war, beschenkten sie das Kind mit
ihren Wundergaben: die eine mit Tugend, die andere mit
Schönheit, die dritte mit Reichthum, und so mit allem, was
auf der Welt nur zu wünschen ist. Als elfe ihre Sprüche
eben gethan hatten, trat plötzlich die dreizehnte herein. Sie
wollte sich dafür rächen, daß sie nicht eingeladen war, und
ohne jemand zu grüßen oder nur anzusehen, rief sie mit lau=
ter Stimme: „die Königstochter soll sich in ihrem funfzehn=
ten Jahre an einer Spindel stechen, und todt hinfallen."
Nach diesen Worten kehrte sie sich um, und verließ den
Saal, und alle standen erschrocken, da trat die zwölfte
hervor, die noch einen Wunsch übrig hatte, und weil sie den
bösen Spruch nicht aufheben, sondern nur ihn mildern konnte,
so sagte sie: „es soll aber kein Tod sein, sondern ein hun=
dertjähriger tiefer Schlaf, in welchen die Königstochter fällt."

Der König, der sein liebes Kind vor dem Unglück gern
bewahren wollte, ließ den Befehl ausgehen, daß die Spin=
deln im ganzen Königreiche sollten abgeschafft werden. An
dem Mädchen aber wurden die Gaben der weisen Frauen

sämmtlich erfüllt, denn es war so schön, sittsam, freundlich und verständig, daß es jedermann, der es ansah, lieb haben mußte. Es geschah, daß an dem Tage, wo es gerade funfzehn Jahr alt ward, der König und die Königin nicht zu Haus waren, und das Mädchen ganz allein im Schloß zurückblieb. Da ging es aller Orten herum, besah Stuben und Kammern, wie es Lust hatte, und kam endlich auch an einen alten Thurm. Es stieg die enge Bendeltreppe hinauf, und gelangte zu einer kleinen Thüre. In dem Schloß steckte ein verrosteter Schlüssel, und als es umdrehte, sprang die Thür auf, und saß da in einem kleinen Stübchen eine alte Frau, und spann emsig ihren Flachs. „Ei du altes Mütterchen,“ sprach die Königstochter, „was machst du da?“ „Ich spinne,“ sagte die Alte, und nickte mit dem Kopfe. „Wie das Ding so lustig herum springt!“ sprach das Mädchen, nahm die Spindel, und wollte auch spinnen. Kaum hatte sie aber die Spindel angerührt, so ging der Zauberspruch in Erfüllung, und sie stach sich damit.

In dem Augenblicke aber, wo sie den Stich empfand, fiel sie auch nieder in einen tiefen Schlaf. Und dieser Schlaf verbreitete sich über das ganze Schloß: der König und die Königin, die eben heim gekommen waren, fingen an einzuschlafen, und der ganze Hofstaat mit ihnen. Da schliefen auch die Pferde im Stall ein, die Hunde im Hofe, die Tauben auf dem Dache, die Fliegen an der Wand, ja, das Feuer, das auf dem Heerde flackerte, ward still und schlief ein, und der Braten hörte auf zu brutzeln, und der Koch, der den Küchenjungen, weil er etwas versehen hatte, an den Haaren ziehen wollte, ließ ihn los, und schlief. Und der Wind legte sich, und auf den Bäumen vor dem Schloß regte sich kein Blättchen mehr.

Rings um das Schloß aber begann eine Dornenhecke zu wachsen, die jedes Jahr höher ward, und endlich das ganze Schloß umzog, und darüber hinaus wuchs, daß gar nichts mehr, selbst nicht die Fahnen auf den Dächern, zu sehen war. Es ging aber die Sage in dem Lande von dem schönen schlafenden Dornröschen, denn so wurde die Königstochter genannt, also daß von Zeit zu Zeit Königssöhne kamen, und durch die Hecke in das Schloß dringen wollten. Es war ihnen aber nicht möglich, denn die Äste, als hätten sie Hände, hielten sich zusammen, und die Jünglinge blieben in den Dornen hängen, und starben jämmerlich. Nach langen langen Jahren kam wieder einmal ein Königssohn durch das Land, dem erzählte ein alter Mann von der Dornenhecke, es sollte ein Schloß dahinter stehen, in welchem eine wunderschöne Königstochter, Dornröschen genannt, schliefe, und mit ihr schliefe der ganze Hofstaat. Er wußte auch von seinem Großvater, daß viele Königssöhne schon versucht hätten durch die Dornenhecke zu dringen, aber darin hängen geblieben, und eines traurigen Todes gestorben wären. Da sprach der Jüngling: „das soll mich nicht abschrecken, ich will hindurch, und das schöne Dornröschen sehen." Der Alte mochte ihm abrathen, wie er wollte, er hörte gar nicht darauf.

Nun waren aber gerade an dem Tage, wo der Königssohn kam, die hundert Jahre verflossen. Und als er sich der Dornenhecke näherte, waren es lauter große schöne Blumen, die thaten sich von selbst auseinander, daß er unbeschädigt hindurch ging: und hinter ihm thaten sie sich wieder als eine Hecke zusammen. Er kam ins Schloß, da lagen im Hofe die Pferde und scheckigen Jagdhunde und schliefen, auf dem Dache saßen die Tauben, und hatten das Köpfchen unter den Flügel gesteckt. Und als er ins Haus kam, schliefen die

Fliegen an der Wand, der Koch in der Küche hielt noch die Hand, als wollte er den Jungen anpacken, und die Magd saß vor dem schwarzen Huhn, das sollte gerupft werden. Da ging er weiter, und sah im Saale den ganzen Hofstaat liegen und schlafen, und oben bei dem Throne lag der König und die Königin. Da ging er noch weiter, und alles war so still, daß einer seinen Athem hören konnte, und endlich kam er zu dem Thurm, und öffnete die Thüre zu der kleinen Stube, in welcher Dornröschen schlief. Da lag es und war so schön, daß er die Augen nicht abwenden konnte, und er bückte sich, und gab ihm einen Kuß. Wie er es mit dem Kuß berührt hatte, schlug Dornröschen die Augen auf, erwachte, und blickte ihn ganz freundlich an. Da gingen sie zusammen herab, und der König erwachte und die Königin, und der ganze Hofstaat, und sahen einander mit großen Augen an. Und die Pferde im Hof standen auf und rüttelten sich: die Jagdhunde sprangen und wedelten: die Tauben auf dem Dach zogen das Köpfchen unterm Flügel hervor, sahen umher, und flogen ins Feld: die Fliegen an den Wänden krochen weiter: das Feuer in der Küche erhob sich, flackerte, und kochte das Essen: der Braten fing wieder an zu brutzeln, und der Koch gab dem Jungen eine Ohrfeige, daß er schrie: und die Magd rupfte das Huhn fertig. Und da wurde die Hochzeit des Königsohns mit dem Dornröschen in aller Pracht gefeiert, und sie lebten vergnügt bis an ihr Ende.

Was sagte der König und die Königin jeden Tag? Hatten sie Kinder? Was sah die Königin eines Tages? Wo leben die Frösche? Konnte der Frosch sprechen? Was sagte der Frosch zu der Königin? Was gebar sie? Wie war das Mädchen von Gestalt? Warum stellte der König ein großes Fest an? Wen ladete der König zu dem Feste ein? Warum ladete er die weisen Frauen ein? Wo wohnten die weisen Frauen? Wie

viele weise Frauen wohnten in dem Reiche des Königs? —
Wie viele goldene Teller hatte der König? Warum konnte
der König die dreizehnte weise Frau nicht einladen? Zu
welcher Zeit kamen die Frauen? Womit beschenkten die weisen
Frauen das Kind? Was gab die erste dem Kinde? Was gab
die zweite? Was gab die dritte? Was gaben die Übrigen?
Wann trat die dreizehnte herein? Was geschah, als elfe ihre
Sprüche gethan hatten? Warum wollte sie sich rächen? Was
rief sie mit lauter Stimme aus? Wer rief dies aus? Wann
sollte sich die Königstochter an einer Spindel stechen? Was
that die Frau, nachdem sie diese Worte gesprochen hatte? Was
sagten die andern Frauen dazu? — Wer milderte den Spruch
der Frau? Wie lange sollte der Schlaf dauern? — Was
that der König jetzt? Warum ließ er den Befehl ausgehen
(oder bekannt machen)? Was befahl der König denn eigent=
lich? Hatte die Tochter des Königs viele gute Eigenschaften?
Wer hatte dem Kinde die Eigenschaften verliehen? Was für
Eigenschaften hatte die Tochter des Königs? Wo war gerade
der König, als das Mädchen 15 Jahr alt war? Was that
die Königstochter während der Abwesenheit ihrer Ältern? Was
that sie, nachdem sie an den alten Thurm gekommen war?
Was steckte in dem Schloße der Thüre? Was geschah, nach=
dem das Mädchen den Schlüssel umgedreht hatte? — Wer
saß in dem kleinen Stübchen? Was that die alte Frau?
Was spann sie? Was sagte die Königstochter zu der alten
Frau? Was wollte das Mädchen mit der Spindel machen?
Was ging in Erfüllung? — Womit stach sich das Mädchen?
Was geschah in dem Augenblicke, wo sie den Stich empfand?
Schlief sie allein ein? Wer fiel noch außer ihr in einen tiefen
Schlaf? Wo schliefen die Pferde? Wer schlief auf dem
Hofe? Wo saßen die Tauben? Wo die Fliegen? Was
ward aus dem Feuer? Wo flackerte das Feuer? Wer war
in der Küche? Warum wollte der Koch den Küchenjungen an
den Haaren ziehn? Standen Bäume vor dem Schloße? Was
regte sich nicht mehr auf den Bäumen? Was begann um das
Schloß zu wachsen? Wuchs die Dornhecke hoch? Wie hoch
wuchs sie? Von wem ging die Sage in dem Lande? Was
thaten die Königssöhne, welche von Zeit zu Zeit kamen? —
Konnten die Königssöhne durch die Hecke dringen? — Was

verhinderte sie daran? — Wo blieben die Jünglinge hängen? Was wurde aus ihnen? Wann kam einmal wieder ein Königsohn? Wer erzählte dem Königsohn von der Dornhecke? Was erzählte der alte Mann? Ließ sich der Königsohn durch die Schilderung des alten Mannes abschrecken? Was antwortete der Königsohn dem alten Manne? — Wie viele Jahre waren verflossen, als der Königsohn kam? — Was war vor hundert Jahren geschehen? — Worin hatte sich die Dornhecke verwandelt, als der Jüngling sie durchbrechen wollte? Konnte er hindurch gehen? — Was sah er in dem Hofe liegen? Wie sahen die Jagdhunde aus? — Wo schliefen die Täubchen? Wie schliefen sie? Wo saß die Magd mit dem schwarzen Huhne? Was wollte sie mit dem Huhne machen? Was sah er im Saale? Wo lag der König und die Königin? Was that er, als er bei dem Thurme angekommen war? Wo schlief Dornröschen? Was gab der Königsohn dem schönen Dornröschen? — Was geschah nach dem Kusse? Wen blickte Dornröschen so freundlich an? — Was thaten nun Beide? Was geschah, nachdem sie herunter gekommen waren? Was thaten die Pferde? Was thaten die Hunde? Was thaten die Tauben? Was thaten die Fliegen an der Wand? Was wurde aus dem Feuer? Wo brannte das Feuer? Was that der Koch? Warum schrie der Küchenjunge? — Was machte die Magd mit dem Huhne? Und was feierte man zu guter letzt?

12.
Brüderchen und Schwesterchen.
Aus Grimm's Erzählungen.

Brüderchen nahm sein Schwesterchen an der Hand, und sprach: „seit die Mutter todt ist, haben wir keine gute Stunde mehr; die Stiefmutter schlägt uns alle Tage, und wenn wir zu ihr kommen, stößt sie uns mit den Füßen fort. Die harten Brotkrusten, die übrig bleiben, sind unsere Speise, und dem Hündlein unter dem Tische gehts besser: dem wirft sie doch manchmal einen guten Bissen zu. Daß Gott erbarm, wenn das unsere Mutter wüßte! Komm, wir wollen mit einander in die weite Welt gehen." Sie gingen den ganzen Tag über Wiesen, Felder und Steine, und wenn es regnete, sprach das Schwesterchen: „Gott und unsere Herzen, die weinen zusammen!" Abends kamen sie in einen großen Wald, und waren so müde von Jammer, Hunger und dem langen Weg, daß sie sich in einen hohlen Baum setzten und einschliefen.

Am andern Morgen, als sie aufwachten, stand die Sonne schon hoch am Himmel, und schien heiß in den Baum hinein. Da sprach das Brüderchen: „Schwesterchen mich dürstet, wenn ich ein Brünnlein wüßte, ich ginge und tränke einmal; ich meine, ich hört' eins rauschen." Brüderchen stand auf, nahm Schwesterchen an der Hand, und sie wollten das Brünnlein suchen. Die böse Stiefmutter aber war eine Hexe, und hatte wohl gesehen, wie die Kinder fortgegangen waren, war ihnen nachgeschlichen, heimlich, wie die Hexen schleichen, und hatte alle Brunnen im Walde verwünscht. Als sie nun ein Brünnlein fanden, das so glitzerig über die Steine sprang, wollte das Brüderchen daraus trinken; aber das Schwester= chen hörte, wie es im Rauschen sprach: „wer aus mir trinkt, wird ein Tiger; wer aus mir trinkt, wird ein Tiger." Da rief das Schwesterchen: „ich bitte dich, Brüderchen, trink nicht, sonst wirst du ein wildes Thier, und zerreißest mich." Das Brüderchen trank nicht, ob es gleich so großen Durst hatte, und sprach: „ich will warten bis zur nächsten Quelle." Als sie zum zweiten Brünnlein kamen, hörte das Schwesterchen, wie auch dieses sprach: „wer aus mir trinkt, wird ein Wolf; wer aus mir trinkt, wird ein Wolf." Da rief das Schwe= sterchen: „Brüderchen, ich bitte dich, trink nicht, sonst wirst du ein Wolf und frissest mich." Das Brüderchen trank nicht, und sprach: „ich will warten, bis wir zur nächsten Quelle kommen, aber dann muß ich trinken, du magst sagen, was du willst: mein Durst ist gar zu groß." Und als sie zum dritten Brünnlein kamen, hörte das Schwesterlein, wie es im Rauschen sprach: „wer aus mir trinkt, wird ein Reh; wer aus mir trinkt, wird ein Reh." Das Schwesterchen sprach: „ach Brüderchen, ich bitte dich, trink nicht, sonst wirst du ein Reh, und läufst mir fort." Aber das Brüderchen hatte sich gleich beim Brünnlein nieder gekniet, hinab gebeugt, und von dem Wasser getrunken, und wie die ersten Tropfen auf seine Lippen gekommen waren, lag es da als ein Rehkälbchen.

Nun weinte das Schwesterchen über das arme verwünschte Brüderchen, und das Rehchen weinte auch, und saß so traurig neben ihm. Da sprach das Mädchen endlich: „sei still, liebes Rehchen, ich will dich ja nimmermehr verlassen." Dann band es sein goldenes Strumpfband ab, und that es dem Rehchen um den Hals, und rupfte Binsen, und flocht ein weiches Seil daraus. Dann band es das Thierchen, und führte es weiter, und ging immer tiefer in den Wald hinein. Und als sie lange lange gegangen waren, kamen sie endlich in ein kleines Haus, und das Mädchen schaute hinein, und weil es leer war, dachte es: „hier können wir bleiben und wohnen." Da suchte es dem Rehchen Laub und Moos zu einem weichen Lager, und jeden Morgen ging es aus, und sammelte sich Wurzeln, Beeren und Nüsse, und für das Rehchen brachte es zartes Gras mit, das fraß es ihm aus der Hand, und war vergnügt, und spielte vor ihm herum. Abends wenn Schwesterchen müde war, und sein Gebet gesagt hatte, legte es seinen Kopf auf den Rücken des Rehkälbchens, das war sein Kissen, darauf es sanft einschlief. Und hätte das Brüderchen nur seine menschliche Gestalt gehabt, es wäre ein herrliches Leben gewesen.

Das dauerte nur eine Zeitlang, daß sie so allein in der Wildniß waren, da trug es sich zu, daß der König des Landes eine große Jagd in dem Walde hielt. Da schallte darin das Hörnerblasen, Hundegebell und das lustige Geschrei der Jäger, und das Rehlein hörte es, und wäre gar zu gerne dabei gewesen. „Ach,“ sprach es zum Schwesterlein, „laß mich hinaus in die Jagd, ich kanns nicht länger mehr aushalten,“ und bat so lange, bis es einwilligte. „Aber,“ sprach es zu ihm, „komm mir ja Abends wieder, vor den wilden Jäger schließ ich mein Thürlein; und damit ich dich kenne, so klopf und sprich mein Schwesterlein, laß mich herein: und wenn du nicht so sprichst, so schließ ich mein Thürlein nicht auf.“ Nun sprang das Rehchen hinaus, und war ihm so wohl, und war so lustig in freier Luft. Der König und seine Jäger sahen das schöne Thier, und setzten ihm nach, aber sie konnten es nicht einholen, und wenn sie meinten, sie hätten es gewiß, da sprang es über das Gebüsch weg, und war verschwunden. Wies dunkel ward, lief es zu dem Häuschen, klopfte und sprach: „mein Schwesterlein, laß mich herein.“ Da ward ihm die kleine Thür aufgethan, es sprang hinein, und ruhete sich die ganze Nacht auf seinem weichen Lager aus. Am andern Morgen ging die Jagd von neuem an, und als das Rehlein wieder das Hüfthorn hörte, und das ho, ho! der Jäger, da hatte es keine Ruhe, und sprach: „Schwesterchen, mach mir auf, ich muß hinaus.“ Das Schwesterchen öffnete ihm die Thüre, und sprach: „aber zu Abend mußt du wieder da sein, und dein Sprüchlein sagen.“ Als der König und seine Jäger das Rehlein mit dem goldenen Halsband wieder sahen, jagten sie ihm alle nach, aber es war ihnen zu schnell und behend. Das währte den ganzen Tag; endlich aber hatten es die Jäger Abends umzingelt, und einer verwundete es ein wenig am Fuß, so daß es hinken mußte, und lang= sam fortlief. Da schlich ihm ein Jäger nach bis zu dem Häuschen, und hörte wie es rief: „mein Schwesterlein, laß mich herein," und sah, daß die Thür ihm aufgethan und als= bald wieder zugeschlossen ward. Der Jäger behielt das alles wohl im Sinn, ging zum König, und erzählte ihm, was er gesehen und gehört hatte. Da sprach der König: „morgen soll noch einmal gejagt werden."

Das Schwesterchen aber war recht erschrocken, als das Rehkälbchen verwundet herein kam. Es wusch ihm das Blut ab, legte Kräuter auf, und sprach: „geh auf dein Lager, lieb Rehchen, daß du wieder heil wirst." Die Wunde aber war so gering, daß das Rehchen am Morgen nichts mehr davon spürte; und als es die Jagdlust wieder draußen hörte, sprach es: „ich kanns nicht aushalten, ich muß dabei sein; sobald soll mich auch keiner kriegen." Das Schwesterchen weinte, und sprach: „nun werden sie dich tödten, ich lasse dich nicht hinaus." „So sterb ich dir hier vor Betrübniß, wenn du mich abhältst," antwortete es, „wenn ich das Hüfthorn höre, so mein ich, ich müßt aus den Schuhen springen!" Da konnte das Schwesterchen nicht anders, und schloß ihm mit schwerem Herzen die Thür auf, und das Rehchen sprang gesund und fröhlich in den Wald. Als es der König erblickte, sprach er zu seinen Jägern: „nun jagt ihm nach den ganzen Tag bis in die Nacht, aber daß ihm keiner etwas zu Leide thut." Wie die Sonne untergegangen war, da sprach der König zum Jäger: „nun komm und zeige mir das Waldhäuschen." Und als er vor dem Thürlein war, klopfte er an, und rief:

„lieb Schwesterlein, laß mich herein." Da ging die Thür auf, und der König trat hinein, und da stand ein Mädchen, das war so schön wie er noch keins gesehen hatte. Das Mädchen aber war erschrocken, daß nicht sein Rehlein, sondern ein König mit goldener Krone hereingekommen war. Aber der König sah es freundlich an, reichte ihm die Hand, und sprach: „willst du mit mir gehen auf mein Schloß, und meine liebe Frau werden?" „Ach ja," antwortete das Mädchen, „aber das Rehchen muß auch mit, das verlaß ich nicht." Sprach der König, „es soll bei dir bleiben, so lange du lebst, und soll ihm an nichts fehlen." Indem kam es hereingesprungen, da band es das Schwesterchen wieder an das Binsenseil, nahm es selbst in die Hand, und ging mit ihm zum Waldhäuschen hinaus.

Der König führte das schöne Mädchen in sein Schloß, wo die Hochzeit mit großer Pracht gefeiert wurde, und war es nun die Frau Königin, und sie lebten lange Zeit vergnügt zusammen; das Rehlein ward gehegt und gepflegt, und sprang in dem Schloßgarten herum. Die böse Stiefmutter aber, um derentwillen die Kinder in die Welt hineingegangen waren, die meinte nicht anders, als Schwesterchen wäre von den wilden Thieren im Walde zerrissen worden, und Brüderchen als ein Rehkalb von den Jägern todt geschossen. Als sie nun hörte, daß sie so glücklich waren, und es ihnen so wohl ging, da wurden Neid und Mißgunst in ihrem Herzen rege, und zwickten und nagten daran, und sie hatte keinen andern Gedanken, als wie sie die beiden doch noch ins Unglück bringen könnte. Ihre rechte Tochter, die häßlich war wie die Nacht, und nur ein Auge hatte, die machte ihr Vorwürfe, und sprach: „eine Königin zu werden, das Glück hätte mir gebührt." „Sei nur still," sagte die

Alte, und ſprach ſie zufrieden: „wenn's Zeit iſt, will ich
ſchon bei der Hand ſein." Als nun die Zeit heran gerückt
war, und die Königin ein ſchönes Knäblein zur Welt gebracht
hatte, und der König gerade auf der Jagd war, nahm die
alte Hexe die Geſtalt der Kammerfrau an, trat in die Stube,
wo die Königin lag, und ſprach zu der Kranken: „kommt,
das Bad iſt fertig, das ſoll euch wohlthun und ſtärken; ge=
ſchwind, eh es kalt wird." Ihre Tochter war auch bei der
Hand, und ſie trugen die ſchwache Königin in die Badſtube,
legten ſie hinein, gingen ſchnell fort, und ſchloſſen die Thür
ab. In der Badſtube aber hatten ſie ein rechtes Höllenfeuer
angemacht, daß die ſchöne junge Königin bald erſticken mußte.

Als das geſchehen war, nahm die Alte ihre Tochter,
und ſetzte ihr eine Haube auf, und legte ſie ins Bett an
der Königin Stelle. Sie gab ihr auch die Geſtalt und das
Anſehen der Königin, nur das verlorene Auge konnte ſie ihr
nicht wieder geben. Damit aber der König es nicht merken
ſollte, mußte ſie ſich auf die Seite legen, wo ſie kein Auge
hatte. Am Abend, als der König heim kam, und hörte, daß
ihm ein Söhnlein geboren war, freute er ſich herzlich, und
wollte ans Bett zu ſeiner lieben Frau gehen, und wollte
ſehen, was ſie machte. Da rief die Alte geſchwind: „bei
Leibe, laßt die Vorhänge zu, die Königin darf noch nicht
ins Licht ſehen, und muß Ruhe haben." Der König ging
zurück, und wußte nicht, daß eine falſche Königin im Bette lag.

Als es aber Mitternacht war und alles ſchlief, da ſah
die Kinderfrau, die in der Kinderſtube neben der Wiege ſaß,
und allein noch wachte, wie die Thüre aufging, und die
rechte Königin herein trat. Sie nahm das Kind aus der
Wiege, legte es in ihren Arm, und gab ihm zu trinken.
Dann ſchüttelte ſie ihm ſein Kißchen, und legte es wieder

hinein, und deckte es mit dem Deckbettchen zu. Sie vergaß
aber auch das Rehchen nicht, ging in die Ecke, wo es lag,
und streichelte ihm über den Rücken. Darauf ging sie ganz
stillschweigend wieder zur Thüre hinaus, und die Kinderfrau
fragte am andern Morgen die Wächter, ob Jemand während
der Nacht ins Schloß gegangen wäre; aber sie antworteten:
„nein, wir haben niemand gesehen." So kam sie viele
Nächte, und sprach niemals ein Wort dabei; die Kinderfrau
sah sie immer, aber sie getraute sich nicht, jemand etwas davon
zu sagen.

Als nun so eine Zeit verflossen war, da hub die Königin in der Nacht an zu reden und sprach:

„Was macht mein Kind? was macht mein Reh?

Nun komm ich noch zweimal und dann nimmermehr."
Die Kinderfrau antwortete ihr nicht, aber als sie wieder verschwunden war, ging sie zum König und erzählte ihm alles.
Sprach der König: „Ach Gott, was ist das! ich will in
der nächsten Nacht bei dem Kinde wachen." Abends ging
er auch in die Kinderstube, aber um Mitternacht erschien die
Königin wieder und sprach:

„Was macht mein Kind? was macht mein Reh?

Nun komm ich noch einmal und dann nimmermehr."
Und pflegte dann des Kindes, wie sie gewöhnlich that, ehe
sie verschwand. Der König getraute sich nicht sie anzureden;
aber die folgende Nacht wachte er wieder, da sprach sie
abermals:

„Was macht mein Kind? was macht mein Reh?

Nun komm ich noch diesmal und dann nimmermehr."
Da konnte sich der König nicht zurückhalten, sprang zu ihr
und sprach: „du kannst niemand anders sein, als meine liebe
Frau." Da antwortete sie: „ja, ich bin deine liebe Frau,"

und hatte in dem Augenblick durch Gottes Gnade das Leben wieder erhalten, war frisch, roth und gesund. Darauf erzählte sie dem König den Frevel, den die böse Hexe und ihre Tochter an ihr begangen hatten. Der König ließ beide vor Gericht führen, und sie wurden verurtheilt: die Tochter ward in den Wald geführt, wo sie die wilden Thiere zerrissen, wie sie sie erblickten; die Hexe aber ward ins Feuer gelegt, und mußte jammervoll verbrennen. Und wie sie davon verzehrt war, verwandelte sich auch das Rehkälbchen, und erhielt seine menschliche Gestalt wieder; und Schwesterchen und Brüderchen lebten glücklich zusammen bis an ihr Ende.

Wer nahm sein Schwesterchen an der Hand? Was sagte Brüderchen zu Schwesterchen? Lebte ihre Mutter noch? Wie behandelte die Stiefmutter die Kinder? Stieß sie die Kinder mit den Füßen fort? Schlug sie die Kinder? Was gab die Stiefmutter den Kindern zu essen? Wie wurde das Hündchen behandelt? Wo lag das Hündchen gewöhnlich? Was erhielt das Hündchen? Verließen die Kinder das Haus der Ältern? Wo kamen sie endlich hin? War der Wald groß? Waren die Kinder müde? Was hatte sie so müde gemacht? Wo brachten sie die Nacht zu? War der Baum hohl? Wann erwachten sie? War die Sonne schon aufgegangen als die Kinder erwachten? Was sprach Brüderchen zum Schwesterchen? Weshalb wünschte sich Brüderchen ein Brünnlein? Dürstete ihm? Gingen sie hin, um das Brünnlein zu suchen? Wo rauschte das Brünnlein? Hatte die böse Stiefmutter die Kinder fortgehen sehen? Was war die böse Stiefmutter? Was that sie mit den Brunnen im Walde? Fanden sie endlich ein Brünnlein? Wer hörte das Brünnlein sprechen? Was sagte das Brünnlein? Warum wollte Schwesterchen dem Brüderchen nicht erlauben aus dem Brunnen zu trinken? Gehören die Tiger zu den wilden Thieren? Trank Brüderchen aus dem Brunnen? Wie lange wartete er? Fanden sie eine zweite Quelle? Was sagte die zweite Quelle? Warum durfte das Brüderchen nicht aus der zweiten Quelle trinken? Erfüllte Brüderchen den Wunsch der Schwester? Was sagte die dritte

4

Quelle? Hörte diesmal Brüderchen auf die Bitte der Schwe=
ster? — Was that Brüderchen bei dem dritten Brünnlein?
Was geschah, nachdem er getrunken hatte? Warum weinte das
Schwesterchen jetzt? War das Rehchen auch traurig? Was
machte Schwesterchen mit dem goldenen Strumpfbande? Flocht
es ihm auch ein Seil? Was machte Schwesterchen mit dem
Seile? Wo führte es das Rehchen hin? Stand ein Haus
im Walde? War das Haus groß oder klein? Wohnte Je=
mand in dem Hause? Gingen sie hinein? Weshalb gingen
sie hinein? Woraus machte Schwesterchen dem Brüderchen
ein Lager? Wo sammelte es die Wurzeln? Sammelte es
noch andre Früchte? Was für welche? Fraß das Rehchen
das Gras? Wo wuchs das Gras? Sagte Schwesterchen
Abends sein Gebet? Was diente ihm statt Kissens? Was
hielt der König des Landes einst in dem Walde? Was er=
schallte darin? Hörte das Rehlein das Hörnerblasen, und
Hundegebell? Hätte es gern dabei sein mögen? Um was bat
es die Schwester? Gab ihm die Schwester die Erlaubniß auf
die Jagd zu gehen? Was empfahl Schwesterchen dem Reh=
chen an? Wann sollte es von der Jagd wieder zurückkommen?
Wie viele male sollte es klopfen, um erkannt zu werden? —
Was sollte Rehchen beim Anklopfen sagen? Wie war dem
Rehchen in der freien Luft? Sah es der König und die Jäger?
Was thaten sie? Konnten sie das Rehchen einholen? Ent=
wischte ihnen das Rehchen? Wie entkam es? Wo lief es,
nachdem es dunkel geworden war, hin? Wer machte die Thür
auf? Wo ruhete es sich die Nacht über aus? Was geschah am
andern Morgen? Was ertönte wieder im Walde? Wer blies
das Hüfthorn? Was riefen die Jäger? Ging Rehchen den
zweiten Tag auf die Jagd? — Wann sollte Rehchen wieder
zurückkehren? — Was thaten die Jäger, als sie das Rehchen
wieder erblickten? Holten sie es ein? Warum konnten sie es
nicht einholen? Was geschah Abends? Wurde das Rehchen
bedeutend verwundet? Warum hinkte das Rehchen? Bis wie
weit schlich ihm der Jäger nach? Was sah und hörte der
Jäger? Erzählte er es dem Könige? Was sprach der König?
Warum war Schwesterchen so erschrocken? Was that Schwe=
sterchen? Womit wusch es die Wunde ab? War es eine ge=
fährliche Wunde? — Heilte die Wunde schnell? Was machte

die Wunde so schnell heil? Wollte das Rehchen trotz der Wunde das drittemal auf die Jagd gehn? Was fürchtete Schwesterchen? Gab es dem Rehchen zuletzt die Erlaubniß? Was sagte der König zu seinen Jägern, als er es erblickte? Durften die Jäger dem Rehchen etwas zu Leide thun? Wann befahl der König dem Jäger ihm das Waldhäuschen zu zeigen? Was that der König, nachdem er vor dem Waldhäuschen angekommen war? — Was sah der König, nachdem er ins Zimmer getreten war? War das Mädchen schön? Weshalb erschrak das Mädchen? Was trug der König auf seinem Kopfe? Reichte der König dem Mädchen die Hand? Was sprach der König? Wollte der König das Mädchen heirathen? Wo sollte das Mädchen in Zukunft wohnen? Wollte es das arme Rehchen nicht mitnehmen? Wo führte der König das Mädchen hin? Was feierte man in dem Schlosse? Wie nannte man das Mädchen in Zukunft? Wie wurde Rehchen behandelt? War ein Garten hinter dem Schlosse? Wo sprang Rehchen herum? Was meinte die böse Stiefmutter, was aus den Kindern geworden wäre? Wann ward die böse Stiefmutter neidisch und mißgünstig? Woran dachte sie jetzt nur? War ihre rechte Tochter schön oder häßlich? War sie auf einem Auge blind? Und wie war das andere Auge beschaffen, war es etwa roth, und schielte sie mit dem rothen Auge? Wem machte die einäugige Tochter Vorwürfe? Warum machte sie der Mutter Vorwürfe? Was antwortete die Herenmutter, um die neidische Tochter zu beruhigen? Wo war der König gerade, als die Königin das Knäblein zur Welt gebracht hatte? Wessen Gestalt nahm die Here an? Wo lag die Königin? Wo wollte sie die Königin hinführen? War ihre Tochter auch gegenwärtig? Wo trugen sie die schwache Königin hin? Was thaten die bösen Geschöpfe, nachdem sie die Königin ins Bad gelegt hatten? Was war die Ursache, daß die schöne Königin so bald ersticken mußte? Wie machte die Mutter ihre Tochter unkenntlich? Was mußte die Tochter aufsetzen? Konnte sie ihr das verlorene Auge wiedergeben? Warum mußte sich die Tochter auf die Seite legen, wo sie kein Auge hatte? Wann kam der König nach Hause? Worüber freute er sich so herzlich? Wonach erkundigte er sich? Was rief die Alte? Durfte der König die Vorhänge zurückziehen? Warum nicht? Wußte der

4*

60

König, daß eine falsche Königin im Bette lag? Was sah die Kinderfrau um Mitternacht? Wo saß die Kinderfrau? Wer machte die Thüre auf? War es die rechte Königin? Was that sie mit dem Kinde? Was that sie, nachdem sie dem Kinde zu trinken gegeben hatte? Womit deckte sie das Kindchen zu? Vergaß sie das Rehchen? Wo lag das Rehchen? Liebkosete sie es? Hatten die Wächter während der Nacht Jemand ins Schloß gehen sehen? Erschien die Königin die andere Nacht wieder? Sprach sie bei ihren nächtlichen Erscheinungen? Warum erzählte die Kinderfrau nichts von dem, was sie gesehen hatte? Wann fing die Königin an, zum ersten male zu reden? Was sagte sie? Pflegte sie des Kindes wie gewöhnlich? Antwortete ihr die Kammerfrau? Was that sie, nachdem die Königin wieder verschwunden war? Was beschloß der König die nächste Nacht zu thun? Wann erschien die Königin wieder? Getraute sich der König sie anzureden? — Erschien sie wieder, und was sagte sie? Getraute sich diesmal der König sie anzureden? Was antwortete sie dem Könige? Was erzählte sie darauf dem Könige? Ließ sie der König vor Gericht führen? Wurden Mutter und Tochter von den Richtern verurtheilt? Wozu ward die Mutter verurtheilt? Wozu die Tochter? Was geschah, nachdem die Flammen die alte Hexe verzehrt hatten?

13.

Aschenputtel.

Aus Grimm's Volksmärchen.

Einem reichen Manne ward seine Frau krank, und als sie fühlte, daß ihr Ende heran kam, rief sie ihr einziges Töchterlein zu sich aus Bett, und sprach: „liebes Kind, bleib fromm und gut, so wird dir der liebe Gott immer beistehen, und ich will vom Himmel auf dich herabblicken, und will um dich sein." Darauf that sie die Augen zu, und verschied. Das Mädchen ging jeden Tag hinaus zu dem Grabe der Mutter und weinte, und blieb fromm und gut. Der Schnee aber deckte ein weißes Tüchlein auf das Grab, und als die

Sonne es wieder herabgezogen hatte, nahm sich der Mann eine andere Frau.

Die Frau hatte zwei Töchter mit ins Haus gebracht, die schön und weiß von Angesicht waren, aber garstig und schwarz von Herzen. Da ging eine schlimme Zeit für das Stiefkind an. „Was soll das Geschöpf in den Stuben," sprachen sie, „wer Brot essen will, muß es verdienen: hinaus mit der Küchenmagd." Sie nahmen ihm seine schönen Kleider weg, zogen ihm einen grauen alten Kittel an, lachten es dann aus, und führten es in die Küche. Da mußte es so schwere Arbeit thun, früh vor Tag aufstehn, Wasser tragen, Feuer anmachen, kochen und waschen. Obendrein thaten ihm die Schwestern alles ersinnliche Herzeleid an, verspotteten es, und schütteten ihm die Erbsen und Linsen in die Asche, so daß es sitzen und sie wieder auslesen mußte. Abends, wenn es sich müde gearbeitet hatte, kam es in kein Bett, sondern mußte sich neben den Heerd in die Asche legen. Und weil es darum immer staubig und schmutzig aussah, nannten sie es Aschenputtel.

Es trug sich zu, daß der Vater einmal in die Messe ziehen wollte, da fragte er die beiden Stieftöchter, was er ihnen mitbringen sollte? „Schöne Kleider" sagte die eine, „Perlen und Edelsteine" die zweite. „Aber du, Aschenputtel" sprach er, „was willst du haben?" „Vater, das erste Reis, das euch auf eurem Heimwege an den Hut stößt, das brecht mir ab." Er kaufte nun für die beiden Stiefschwestern schöne Kleider, Perlen und Edelsteine, und auf dem Rückweg, als er durch einen grünen Busch ritt, streifte ihm ein Haselreis, und stieß ihm den Hut ab. Da brach er das Reis ab, und nahm es mit. Als er nach Haus kam, gab er den Stieftöchtern, was sie sich gewünscht hatten, und dem Aschenputtel gab er das Reis von dem Haselbusch. Aschenputtel dankte ihm, ging zu seiner Mutter Grab, und pflanzte das Reis darauf, und weinte so sehr, daß es von seinen Thränen begossen ward. Es wuchs aber, und ward ein schöner Baum. Aschenputtel ging alle Tage dreimal dar= unter, weinte und betete, und allemal kam ein Vöglein auf den Baum, und das Vöglein warf ihm herab, was es sich nur wünschte.

Es begab sich aber, daß der König ein Fest anstellte, das drei Tage dauern sollte, und wozu alle schönen Jung= frauen im Lande eingeladen wurden, damit sich sein Sohn eine Braut aussuchen möchte. Die zwei Stiefschwestern, als sie hörten, daß sie auch dabei erscheinen sollten, waren guter Dinge, riefen Aschenputtel, und sprachen: „kämm uns die Haare, bürste uns die Schuhe, und mache uns die Schnal= len fest, wir gehen zur Hochzeit auf des Königs Schloß." Aschenputtel gehorchte, weinte aber, weil es auch gern zum Tanz mitgegangen wär, und bat die Stiefmutter sie möchte es ihm erlauben. „Du Aschenputtel, voll Staub und Schmutz." sprach sie, „du willst zur Hochzeit, und hast keine Kleider: willst tanzen, und hast keine Schuhe!" Als es noch weiter bat, sprach sie endlich: „da habe ich dir eine Schüssel Linsen in die Asche geschüttet, und wenn du die Linsen in zwei Stunden wieder ausgelesen hast, so sollst du mitgehen." Das Mädchen ging durch die Hinterthür nach dem Garten, und rief: „ihr zahmen Täubchen, ihr Turteltäubchen, all ihr Vöglein unter dem Himmel, kommt und helft mir lesen,

Die guten ins Töpfchen,

Die schlechten ins Kröpfchen."

Da kamen zum Küchenfenster zwei weiße Täubchen herein, und danach die Turteltäubchen, und endlich schwirrten und schwärmten alle Vöglein unter dem Himmel herein, und ließen sich um die Asche nieder. Und die Täubchen nickten mit dem Köpfchen, und fingen an pik, pik, pik, pik, und da fingen die Übrigen auch an pik, pik, pik, pik, und lasen alle guten Körnlein in die Schüssel. Wie eine Stunde herum war, waren sie schon fertig, und flogen alle wieder hinaus. Da brachte das Mädchen die Schüssel der Stief= mutter, und freute sich, und glaubte, es dürfte nun mit auf die Hochzeit gehen. Aber sie sprach: „nein, Aschenputtel, du kommst nicht mit, du hast keine Kleider und kannst nicht tanzen." Als es nun weinte, sprach sie: „wenn du mir zwei Schüsseln voll Linsen in einer Stunde aus der Asche rein lesen kannst, so sollst du mitgehen," und dachte: „das kann es ja nimmermehr." Nun schüttete sie zwei Schüsseln Linsen in die Asche; aber das Mädchen ging durch die Hin= terthüre nach dem Garten, und rief: „ihr zahmen Täubchen, ihr Turteltäubchen, all ihr Vöglein unter dem Himmel, kommt und helft mir lesen,

> Die guten ins Töpfchen,
> Die schlechten ins Kröpfchen."

Da kamen zum Küchenfenster zwei weiße Täubchen herein, und danach die Turteltäubchen, und endlich schwirrten und schwärmten alle Vöglein unter dem Himmel herein, und ließen sich um die Asche nieder. Und die Täubchen nickten mit ihrem Köpfchen, und fingen an pik, pik, pik, pik, und da fingen die Übrigen auch an pik, pik, pik, pik, und lasen alle guten Körner in die Schüsseln. Und eh eine halbe Stunde herum war, waren sie schon fertig, und flogen alle wieder hinaus. Da brachte das Mädchen der Stiefmutter die Schüsseln, und freute sich, und glaubte nun dürfte es mit auf die Hochzeit gehen. Aber sie sprach: „es hilft dir alles nichts: du kommst nicht mit, denn du hast keine Kleider, und kannst nicht tanzen, und wir müßten uns deiner schämen." Darauf kehrte sie ihm den Rücken zu, und ging mit ihren zwei stolzen Töchtern fort.

Als nun niemand mehr daheim war, ging Aschenputtel zu seiner Mutter Grab unter den Haselbaum, und rief:

> „Bäumchen, rüttel und schüttel dich,
> Wirf Gold und Silber über mich."

Da warf ihm der Vogel ein golden und silbern Kleid herunter, und mit Seide und Silber ausgestickte Pantoffeln. Da zog es das Kleid an, und ging zur Hochzeit. Seine Schwestern aber, und die Stiefmutter kannten es nicht, und meinten, es müßte eine fremde Königstochter sein, so schön sah es in dem goldenen Kleide aus. An Aschenputtel dachten sie gar nicht, und glaubten es läge daheim im Schmutz. Der Königssohn kam ihm entgegen, nahm es bei der Hand, und tanzte mit ihm. Er wollte auch mit sonst niemand tanzen, also daß er ihm die Hand nicht los ließ, und wenn ein anderer kam, es aufzufordern, sprach er: „das ist meine Tänzerin."

Es tanzte bis es Abend war, da wollte es nach Haus gehen. Der Königssohn aber sprach: „ich gehe mit, und begleite dich," denn er wollte sehen, wem das schöne Mädchen angehörte. Sie entwischte ihm aber, und sprang in das Taubenhaus. Nun wartete der Königssohn, bis der Vater kam, und sagte ihm das fremde Mädchen wär in das Taubenhaus gesprungen. Da dachte er: „sollte es Aschenputtel sein," und sie mußten ihm Art und Hacken bringen, damit er das Taubenhaus entzwei schlagen konnte: aber es war niemand darin. Und als sie ins Haus kamen, lag Aschenputtel in seinen schmutzigen Kleidern in der Asche, und ein trübes Öhllämpchen brannte im Schornstein; denn Aschenputtel war geschwind aus dem Taubenhaus hinten herab gesprungen, und war zu dem Haselbäumchen gelaufen, da hatte es die schönen Kleider ausgethan, und aufs Grab gelegt, und der Vogel hatte sie wieder weggenommen, und dann hatte es sich in seinem grauen Kittelchen in die Küche zur Asche gesetzt.

Am andern Tag, als das Fest von neuem anhub, und die Eltern und Stiefschwestern wieder fort waren, ging Aschenputtel zu dem Haselbaum, und sprach:

„Bäumchen, rüttel dich und schüttel dich,
Wirf Gold und Silber über mich.“

Da warf der Vogel ein noch viel stolzeres Kleid herab, als am vorigen Tag. Und als es mit diesem Kleide auf der Hochzeit erschien, erstaunte Jedermann über seine Schönheit. Der Königssohn aber hatte gewartet, bis es kam, nahm es gleich bei der Hand, und tanzte nur allein mit ihm. Wenn die andern kamen, und es aufforderten, sprach er: „das ist meine Tänzerin.“ Als es nun Abend war, wollte es fort, und der Königssohn ging ihm nach, und wollte sehen, in welches Haus es ging: aber es sprang ihm fort und in den Garten hinter dem Haus. Darin stand ein schöner großer Baum, an dem die herrlichsten Birnen hingen, auf den kletterte es, behend wie ein Eichhörnchen, und der Königssohn wußte nicht, wo es hingekommen war. Er wartete aber bis der Vater kam, und sprach zu ihm: „das fremde Mädchen ist mir entwischt, und ich glaube es ist auf den Birnbaum gesprungen.“ Der Vater dachte: „sollte es Aschenputtel sein,“ und ließ sich die Axt holen, und hieb den Baum um, aber es war niemand darauf. Und als sie in die Küche kamen, lag Aschenputtel da in der Asche, wie sonst auch, denn es war auf der andern Seite vom Baum herabgesprungen, hatte dem Vogel auf dem Haselbäumchen die schönen Kleider wieder gebracht, und sein graues Kittelchen angezogen.

Am dritten Tag, als die Eltern und Schwestern fort waren, ging Aschenputtel wieder zu seiner Mutter Grab, und sprach zu dem Bäumchen:

>„Bäumchen, rüttel dich und schüttel dich,
>Wirf Gold und Silber über mich."

Nun warf ihm der Vogel ein Kleid herab, das war so prächtig, und glänzend wie es noch keins gehabt hatte, und die Pantoffeln waren ganz golden. Als es in dem Kleide zu der Hochzeit kam, wußten sie alle nicht, was sie vor Verwunderung sagen sollten. Der Königssohn tanzte ganz allein mit ihm, und wenn es einer aufforderte, sprach er: „das ist meine Tänzerin."

Als es nun Abend war, wollte Aschenputtel fort, und der Königssohn wollte es begleiten, aber es entsprang ihm so geschwind, daß er nicht folgen konnte. Der Königssohn hatte aber eine List gebraucht, und hatte die ganze Treppe mit Pech bestreichen lassen, da war der linke Pantoffel des Mädchens hängen geblieben. Der Königssohn nahm ihn weg, und er war klein und zierlich, und ganz golden. Am nächsten Morgen ging er damit zu dem Mann, und sagte: keine andere sollte seine Gemahlin werden, als die, an deren Fuß dieser goldene Schuh paßte. Da freuten sich die beiden Schwestern, denn sie hatten schöne Füße. Die Älteste ging mit dem Schuh in die Kammer, und wollte ihn anprobiren, und die Mutter stand dabei. Aber sie konnte mit der großen Zehe nicht hineinkommen, und der Schuh war ihr zu klein, da reichte ihr die Mutter ein Messer, und sprach: „hau die große Zehe ab, wann du Königin bist, so brauchst du nicht mehr zu Fuß zu gehen." Das Mädchen hieb die Zehe ab, zwängte den Fuß in den Schuh, verbiß den Schmerz, und ging heraus zum Königssohn. Der nahm sie als seine Braut aufs Pferd, und ritt mit ihr fort. Sie mußten aber an dem Grabe vorbei, da saßen die zwei Täubchen auf dem Haselbäumchen und riefen:

> "Rucke di guck, rucke di guck,
> Blut ist im Schuck (Schuh),
> Der Schuck ist zu klein,
> Die rechte Braut sitzt noch daheim."

Da blickte er auf ihren Fuß, und sah wie das Blut herausquoll. Er wendete sein Pferd um, brachte die falsche Braut wieder nach Haus, und sagte, das wäre nicht die rechte, die andere Schwester sollte den Schuh anziehen. Da ging diese in die Kammer, und kam mit dem Zehen glücklich in den Schuh, aber die Ferse war zu groß. Da reichte ihr die Mutter ein Messer, und sprach: "hau ein Stück von der Ferse ab, wann du Königin bist, brauchst du nicht mehr zu Fuß zu gehen." Das Mädchen hieb ein Stück von der Ferse ab, zwängte den Fuß in den Schuh, verbiß den Schmerz, und ging heraus zum Königssohn. Der nahm sie als seine Braut aufs Pferd, und ritt mit ihr fort. Als sie an dem Haselbäumchen vorbeikamen, saßen die zwei Täubchen darauf, und riefen:

> "Rucke di guck, rucke die guck,
> Blut ist im Schuck,
> Der Schuck ist zu klein,
> Die rechte Braut sitzt noch daheim."

Er blickte nieder auf ihren Fuß, und sah wie das Blut aus dem Schuh quoll, und an den weißen Strümpfen ganz roth heraufgestiegen war. Da wendete er sein Pferd, und brachte die falsche Braut wieder nach Haus. „Das ist auch nicht die rechte," sprach er, „habt ihr keine andere Tochter?" „Nein," sagte der Mann, „nur von meiner verstorbenen Frau ist noch ein kleines verbuttetes Aschenputtel da, das kann unmöglich die Braut sein." Der Königssohn sprach: er sollt es heraufschicken, die Mutter aber antwortete: „ach nein, das ist viel zu schmutzig, das darf sich nicht sehen lassen." Er wollte es aber durchaus sehen, und Aschenputtel mußte gerufen werden. Da wusch es sich erst Hände und Angesicht rein, ging dann hin, und neigte sich vor dem Königssohn, der ihm den goldenen Schuh reichte. Nun streifte es den schweren Schuh vom linken Fuß ab, setzte diesen auf den goldenen Pantoffel, und drückte ein wenig, so stand es darin, als wär er ihm angegossen. Und als es sich aufbückte, erkannte er es im Angesicht und sprach: „das ist die rechte Braut!" Die Stiefmutter und die beiden Schwestern erschracken, und wurden bleich vor Ärger, er aber nahm Aschenputtel aufs Pferd, und ritt mit ihm fort. Als sie an dem Haselbäumchen vorbei kamen, riefen die zwei weißen Täubchen:

> „Rucke di guck, rucke di guck,
> Kein Blut ist im Schuck,
> Der Schuck ist nicht zu klein,
> Die rechte Braut, die führt er heim."

Und als sie das gerufen hatten, kamen sie beide herab geflogen, und setzten sich dem Aschenputtel auf die Schultern, eine rechts, die andere links, und blieben da sitzen.

Als die Hochzeit mit dem Königssohn sollte gehalten werden, kamen die falschen Schwestern, wollten sich einschmeicheln, und Theil an seinem Glück nehmen. Als die Brautleute nun zur Kirche gingen, war die älteste zur rechten, die jüngste zur linken Seite, da pickten die Tauben einer jeden das eine Auge aus; hernach als sie heraus gingen, war die älteste zur linken, die jüngste zur rechten, da pickten die Tauben einer jeden das andere Auge aus: und waren sie also für ihre Bosheit und Falschheit mit Blindheit auf ihr Lebtag gestraft.

Wessen Frau ward krank? Wen rief sie vor ihrem Ende zu sich? Was sprach sie zu ihrem Kinde? Was geschah, nachdem sie diese Worte gesprochen hatte? Was that die gute Tochter nach dem Tode der Mutter? Was lag auf dem Grabe? Was that der Mann, nachdem der Schnee geschmolzen war? Wie viele Töchter hatte die zweite Gemahlin? Besaßen sie gute Eigenschaften? Beschreiben Sie die Eigenschaften der rechten Töchter? Wurde das Stiefkind von den Eltern gut oder schlecht behandelt? Wer behandelte das Stiefkind schlecht? Was nahmen die Schwestern dem armen Kinde weg? Was zogen sie ihm an? Wohin führten sie das arme Kind? Was mußte es in der Küche thun? Wo schütteten die grausamen Schwestern die Erbsen und Linsen hin? Wo schlief das arme Mädchen? Gab man ihm ein bequemes Bett? Weshalb nannte man es Aschenputtel? Wohin wollte der Vater einst reisen? Was fragte er die beiden Schwestern? Was wünschte sich die eine, und was die andre? Was verlangte Aschenputtel? Sagen Sie mir nun, was der Vater seinen beiden Stieftöchtern kaufte? Was gab er dem Aschenputtel? Wo hatte er das Reis gebrochen? Dankte ihm Aschenputtel für das Reis? Weinte sie dabei? Vergoß sie viele Thränen? Was ward aus dem Reise? Ging Aschenputtel oft zum Grabe ihrer Mutter? Wer saß auf dem Baume? Was that das Vögelein da oben? Was warf der Vogel herab? Wie lange sollte das Fest dauern, das der König einst anstellen wollte? Wer wurde dazu eingeladen? Warum lud der König so viele schöne Jungfrauen zu dem Feste ein? Wer sollte bei dem Feste gleichfalls erscheinen? Wen riefen die Schwestern? Gaben die Schwestern dem Aschenputtel einen Auftrag? Wo sollte die Hochzeit Statt finden (gefeiert werden)? Um was bat Aschenputtel die Stiefmutter? Unter welcher Bedingung erhielt Aschenputtel die

Erlaubniß auf die Hochzeit zu gehen? Durch welche Thür ging sie in den Garten? Wen rief Aschenputtel in dem Garten? Was flog zum Küchenfenster herein? — Was thaten sie mit den guten Körnlein? Was machten sie mit den schlechten Körnlein? Wie lange dauerte das Auslesen? Zu wem ging Aschenputtel mit der Schüssel? War die Schüssel voll? Was war darin? Durfte sie jetzt mit auf die Hochzeit gehn? Hielt die Stiefmutter Wort? Warum wollte sie ihr nicht die Erlaubniß geben? Wie viele Linsen sollte sie das zweitemal lesen? Wie viel Zeit gestattete man ihr? Was that die Stiefmutter mit den Linsen? Wen rief das Mädchen wieder? Kamen die Böglein? Was thaten die Täubchen? Wie lange brauchten sie, um die Erbsen zu lesen? Was sagte die Mutter zu ihrer Stieftochter, als diese ihr die Schüsseln voll Linsen brachte? Suchte sie wieder eine Ausrede? Wohin ging die Stiefmutter mit ihren Töchtern? Was that Aschenputtel, nachdem sie fort waren? Was warf der Vogel von dem Baume herab? Zog Aschenputtel das schöne Kleid an? Beschreiben Sie den Anzug des Aschenputtel? Erkannten sie die Schwestern? Wer kam dem Aschenputtel auf dem Balle entgegen? Was that der Königssohn? Tanzte er mit den andern Damen? Mit wem tanzte er besonders? Was antwortete der Königssohn denen, welche die schöne Tänzerin auffordern wollten? Wie lange tanzte Aschenputtel? Weshalb wollte der schöne Königssohn das Mädchen begleiten? Wie entkam es? Wozu wollte er Art und Hacken gebrauchen? Wo fanden die Schwestern Aschenputtel des Abends, als sie nach Hause kamen? Brannte das Feuer im Schornstein? Was hatte Aschenputtel mit den schönen Kleidern gemacht? Wo war das Grab ihrer Mutter? Was hatte Aschenputtel nachher wieder angezogen? Wo hatte es sich hingesetzt? Was that Aschenputtel am andern Morgen? Schenkte ihm der Vogel ein anderes Kleid? Beschreiben sie das Kleid? Wie unterschied sich das Kleid von dem ersten? Erregte Aschenputtels Erscheinung Aufsehen auf dem Balle? Was that der Königssohn? Ließ er Jemand anders mit dem Mädchen tanzen? Weshalb ging ihm der Königssohn nach? Entwischte es? Wohin? Was wuchs auf dem Baume, welcher in dem Garten stand? Konnte Aschenputtel klettern? Was sagte der Königssohn zu seinem Vater? Was that der

Vater mit der Art? War Jemand auf dem Baume? Wo fanden die Eltern Aschenputtel, als sie nach Hause kamen? Was hatte Aschenputtel gethan, nachdem es vom Baume herabgesprungen war? Was that Aschenputtel am dritten Tage? War das dritte Kleid das schönste von Allen? Wovon waren die Pantoffeln? Wodurch erregte es die Bewunderung aller Anwesenden auf dem Balle? Womit hatte der Königssohn die Treppen bestreichen lassen? Was war hängen geblieben? Wie sah der Pantoffel aus? Was that der Königssohn am andern Morgen? Wer sollte seine Gemahlin werden? Warum freuten sich die beiden Stiefschwestern? Was that die Älteste mit dem Schuhe? Weshalb konnte sie nicht in den Schuh hineinkommen? Was reichte die Mutter der Tochter? Hieb die Tochter die Zehe ab? Womit hieb sie die Zehe ab? Was that der Königssohn, nachdem sie den Fuß glücklich in den Schuh gezwängt hatte? Wo mußten sie vorbeireiten? Wo saßen die beiden Täubchen? Was quoll aus dem Schuhe heraus? Was that er mit der falschen Braut? Wer sollte nun den Schuh anprobiren? Womit hieb sie sich ein Stück von der Ferse ab? Und warum hieb sie sich ein Stück ab? Nahm der Prinz die zweite zur Braut? Was riefen die Täubchen auf dem Haselbaume? Was bemerkte der Prinz, als er auf den Schuh blickte? Heirathete der Prinz die falsche Braut? Wonach erkundigte sich jetzt der Prinz bei dem Manne? Was antwortete dieser? Warum sollte Aschenputtel gerufen werden? Was that Aschenputtel, ehe es hinauf ging? Was reichte ihr der Königssohn? Was that es mit dem schweren Schuh? Paßte ihm der goldene Pantoffel? Erkannte es der Prinz jetzt? Wann erkannte er sie? Was sagte der Prinz? Erschraken die Schwestern darüber? Warum? Was beabsichtigte er mit Aschenputtel? Wer saß auf dem Haselbäumchen? Sprachen die Täubchen? Was thaten die Täubchen, nachdem sie ihr Sprüchlein hergesagt hatten? Kamen die falschen Schwestern auch zur Hochzeit? Zu welcher Seite befand sich die älteste Schwester, als die Brautleute zur Kirche gingen? Wo war die Jüngste? Was thaten die Tauben, als die Schwestern in die Kirche gingen? Blieben sie nur einäugig? Wann pickten die Täubchen den Schwestern das andere Auge aus? Was waren sie darauf? Warum wurden sie so hart bestraft? —

14.

Frau Holle.

Aus Grimm's Volksmärchen.

Eine Wittwe hatte zwei Töchter, davon war die eine schön und fleißig, die andere häßlich und faul. Sie hatte aber die häßliche und faule, weil sie ihre rechte Tochter war, viel lieber, und die andere mußte alle Arbeit thun, und der Aschenputtel im Hause sein. Das arme Mädchen mußte sich täglich auf die große Straße bei einen Brunnen setzen, und mußte so viel spinnen, daß ihm das Blut aus den Fingern sprang. Nun trug es sich zu, daß die Spule einmal ganz blutig war, da bückte es sich damit in den Brunnen, und wollte sie abwaschen: sie sprang ihm aber aus der Hand, und fiel hinab. Es weinte, lief zur Stiefmutter, und er= zählte ihr das Unglück: sie schalt es heftig, und war so un= barmherzig, daß sie sprach: „hast du die Spule hinunterfal= len lassen, so hol sie auch wieder herauf." Da ging das Mädchen zu dem Brunnen zurück, und wußte nicht was es anfangen sollte, und sprang in seiner Angst in den Brun= nen hinein, um die Spule zu holen. Als es erwachte, und wieder zu sich selber kam, war es auf einer schönen Wiese, da schien die Sonne, und waren viel tausend Blumen. Auf der Wiese ging es fort, und kam zu einem Backofen, der war voller Brot; das Brot aber rief: „ach, zieh mich raus, zieh mich raus, sonst verbrenn ich, ich bin schon längst ausgebacken." Da trat es fleißig herzu, und holte alles her= aus. Danach ging es weiter, und kam zu einem Baum, der hing voll Äpfel, und rief ihm zu: „ach schüttel mich, schüttel mich, wir Äpfel sind alle mit einander reif." Da schüttelte es den Baum, daß die Äpfel fielen als regneten sie, so lang bis keiner mehr oben war; und dann ging es wieder weiter. Endlich kam es zu einem kleinen Haus, daraus guckte eine alte Frau, weil sie aber so große Zähne hatte, ward ihm Angst, und es wollte fortlaufen. Die alte Frau aber rief ihm nach, „fürchte dich nicht, liebes Kind, bleib bei mir, wenn du alle Arbeit im Hause ordentlich thun willst, so soll dirs gut gehn; nur mußt du Acht geben, daß du mein Bett gut machst, und es fleißig aufschüttelst, daß die Federn fliegen, dann schneit es in der Welt*); ich bin die Frau Holle." Weil die Alte ihm so gut zusprach, willigte das Mädchen ein; und begab sich in ihren Dienst. Es besorgte auch alles nach ihrer Zufriedenheit, und schüttelte ihr das Bett immer gewaltig auf; dafür hatte es auch ein gut Leben bei ihr, kein böses Wort, und alle Tage Gesottenes und Gebratenes. Nun war es eine Zeitlang bei der Frau Holle, da ward es traurig in seinem Herzen: und ob es hier gleich viel tausendmal besser war als zu Haus, so hatte es doch ein Verlangen dahin; endlich sagte es zu ihr: „ich habe den Jammer nach Haus kriegt, und wenn es mir auch noch so gut hier geht, so kann ich doch nicht länger bleiben." Die Frau Holle sagte: „es gefällt mir, daß du wieder nach Haus verlangst, und weil du mir so treu gedient hast, so will ich dich selbst wieder hinauf bringen." Sie nahm es darauf bei der Hand, und führte es vor ein großes Thor. Das Thor ward aufgethan, und wie das Mädchen gerade darunter stand, fiel ein gewaltiger Goldregen, und alles Gold blieb an ihm hängen, so daß es über und über davon bedeckt war. „Das sollst du haben, weil du so fleißig gewesen bist," sprach die Frau Holle, und gab ihm auch die Spule wieder,

---

*) Darum sagt man in Hessen, wenn es schneit, die Frau Holle macht ihr Bett.

5

die ihm in den Brunnen gefallen war. Darauf ward das
Thor verschlossen, und das Mädchen befand sich oben auf
der Welt, nicht weit von seiner Mutter Haus, und als es
in den Hof kam, saß der Hahn auf dem Brunnen, und rief:
            „kikeriki,
      Unsere goldene Jungfrau ist wieder hie."
Da ging es hinein zu seiner Mutter, und weil es so mit
Gold bedeckt ankam, ward es gut aufgenommen und mußte
alles erzählen.

Als die Mutter hörte, wie es zu dem Reichthum ge=
kommen war, wollte sie der andern häßlichen und faulen
Tochter gerne dasselbe Glück verschaffen. Sie mußte sich
auch an den Brunnen setzen und spinnen; und damit ihre
Spule blutig ward, stach sie sich in die Finger, und zerstieß
sich die Hand an der Dornhecke. Dann warf sie die Spule
in den Brunnen, und sprang selber hinein. Sie kam, wie
die andere, auf die schöne Wiese, und ging auf demselben
Pfade weiter. Als sie zu dem Backofen gelangte, schrie das
Brot wieder: „ach, zieh mich raus, zieh mich raus, sonst
verbrenn ich, ich bin schon längst ausgebacken." Die Faule
aber antwortete: „da hätt ich Lust mich schmutzig zu machen,"
und ging fort. Bald kam sie zu dem Apfelbaum, der rief:
„ach, schüttel mich, schüttel mich, wir Äpfel sind alle mit
einander reif." Sie antwortete aber: „du kommst mir recht,
es könnte mir einer auf den Kopf fallen," und ging damit
weiter. Als sie vor der Frau Holle Haus kam, fürchtete
sie sich nicht, weil sie von ihren großen Zähnen schon ge=
hört hatte, und verdingte sich gleich zu ihr. Am ersten Tag
that sie sich Gewalt an, war fleißig und folgte der Frau
Holle, wenn sie ihr etwas sagte, denn sie dachte an das
viele Gold, das sie ihr schenken würde; am zweiten Tag

75

aber fing sie schon an zu faullenzen, am dritten noch mehr, da wollte sie Morgens gar nicht aufstehen: sie machte auch der Frau Holle das Bett schlecht, und schüttelte es nicht, daß die Federn aufflogen. Das ward die Frau Holle bald müde, und sagte der Faulen den Dienst auf. Die war es wohl zufrieden, und meinte, nun würde der Goldregen kommen; die Frau Holle führte sie auch zu dem Thor, als sie aber darunter stand, ward statt des Goldes ein großer Kessel voll Pech ausgeschüttet. „Das ist zur Belohnung deiner Dienste" sagte die Frau Holle, und schloß das Thor zu. Da kam die Faule heim, und war ganz mit Pech bedeckt; der Hahn aber auf dem Brunnen, als er sie sah, rief:

„kikeriki,

Unsere schmutzige Jungfrau ist wieder hie."
Das Pech aber wollte, so lange sie lebte, nicht abgehen, und blieb an ihr hängen.

Wie viele Töchter hatte die Wittwe? Waren beide schön? Warum hatte die Wittwe die eine Tochter viel lieber? War ihre rechte Tochter schön und fleißig? Was mußte die eine thun? Spann sie viel? Was war die Folge davon? Was wollte sie einst mit der Spule thun? Warum wollte sie die Spule abwaschen? Was hatte die Spule blutig gemacht? Womit wollte sie die Spule abwaschen? Was geschah? Zu wem lief nun das Mädchen? Warum schalt die Stiefmutter das arme Mädchen? — Was befahl ihm die Stiefmutter? Warum sprang sie in den Brunnen? Wo befand sich das Mädchen, als es erwachte? Was sah man auf der Wiese? Wo wurde das Brot gebacken? Waren die Äpfel auf dem Baume reif? Wo wachsen Äpfel? Wer wohnte in dem kleinen Hause? Ward dem Mädchen Angst? Weshalb fürchtete es sich? Was empfahl die Alte dem Mädchen besonders an, als sie es in ihr Haus nahm? Wie hieß die Alte? Willigte das Mädchen ein, in ihre Dienste zu treten? Warum willigte es ein? Wodurch erwarb sich das Mädchen die Zufriedenheit der Alten?

5 *

Was gab die Alte dem Mädchen täglich zu essen? Warum ward das Mädchen nach einiger Zeit so traurig? Gefiel es der Frau Holle, daß das Mädchen nach Hause zurück kehren wollte? Wozu erbot sie sich? Wohin führte Frau Holle das Mädchen? Was geschah, als das Mädchen unter dem Thore stand? Durfte es das Gold behalten? Was bekam es außerdem noch? Wo war das Mädchen, nachdem man das Thor verschlossen hatte? Was rief der Hahn? Wo saß der Hahn? Warum wurde es so gut aufgenommen? Was dachte die Mutter, nachdem sie die Erzählung der Tochter angehört hatte? Was mußte die häßliche Tochter thun? Wie machte sie ihre Spule blutig? Warf sie die Spule fort? Wohin? Was schrie das Brot in dem Backofen? Weshalb verlangte das Brot, aus dem Backofen gezogen zu werden? Erfüllte die häßliche Tochter den Wunsch des Brotes? Warum nicht? Warum wollte sie den Baum nicht schütteln? Fürchtete sie sich vor der Frau Holle? Warum nicht? War sie den ersten Tag fleißig? Den zweiten auch? Machte sie gehörig das Bett? Hatte ihr Frau Holle nicht besonders anempfohlen, das Bett gut zu machen? Gefiel es der Faulen bei der Frau Holle? Wohin führte sie Frau Holle? Was ward statt des Goldes ausgeschüttet? Was sagte Frau Holle, nachdem sie die Thür verschlossen hatte? Wo saß der Hahn, als die Faule zurückkehrte? Ging das Pech wieder ab?

15.
Die kluge Else.
Aus Grimm's Volksmärchen.

Es war ein Mann, der hatte eine Tochter, die hieß die kluge Else. Als sie nun erwachsen war, sprach der Vater: „wir wollen sie heirathen lassen." „Ja," sagte die Mutter, „wenn nur einer käme, der sie haben wollte." Endlich kam von weither einer, der hieß Hans, und hielt um sie an unter der Bedingung, daß die kluge Else auch recht gescheidt wäre. „O," sprach der Vater, „die hat Zwirn im Kopf," und die Mutter sagte: „ach, die sieht den

Wind auf der Gasse laufen, und hört die Fliegen husten."
"Ja," sprach der Hans, "wenn sie nicht recht gescheidt ist,
so nehm ich sie nicht." Als sie nun zu Tisch saßen und gegessen hatten, sprach die Mutter: "Else, geh in den Keller,
und hol Bier." Da nahm die kluge Else den Krug von
der Wand, ging in den Keller, und klappte unterwegs brav
mit dem Deckel, damit ihr die Zeit ja nicht lang würde.
Als sie unten war, holte sie ein Stühlchen, und stellte es
vors Faß, damit sie sich nicht zu bücken brauchte, und ihrem
Rücken etwa nicht wehe thäte, und unverhofften Schaden
nähme. Dann that sie die Kanne vor sich, und drehte den
Hahn auf, und während der Zeit, daß das Bier hinein lief,
wollte sie doch ihre Augen nicht müssig lassen, und sah oben
an die Wand hinauf, und erblickte nach vielem Hin= und
Herschauen eine Kreuzhacke gerade über sich, welche die Maurer da aus Versehen hatten stecken lassen. Da fing die kluge
Else an zu weinen, und sprach: "wenn ich den Hans kriege,
und wir kriegen ein Kind, und das ist groß, und wir schicken das Kind in den Keller, daß es hier soll Bier zapfen,
so fällt ihm die Kreuzhacke auf den Kopf, und schlägts todt."

Da blieb sie sitzen, und weinte aus Leibeskräften über
das bevorstehende Unglück. Die oben saßen, warteten auf
den Trank, aber die kluge Else kam immer nicht. Da sprach
die Frau zur Magd: "geh doch hinunter in den Keller, und
sieh wo die Else bleibt." Die Magd ging, und fand sie vor
dem Fasse sitzend und laut schreiend. "Else, was weinst du?"
fragte die Magd. "Ach," antwortete sie, "soll ich nicht
weinen? wenn ich den Hans kriege, und wir kriegen ein
Kind, und das ist groß, und soll hier Trinken zapfen, so
fällt ihm vielleicht die Kreuzhacke auf den Kopf und schlägt
es todt." Da sprach die Magd: "was haben wir für eine

kluge Elfe!" ſetzte ſich zu ihr, und fing auch an über das
Unglück zu weinen. Über eine Weile, als die Magd nicht
wieder kam, und die droben durſtig nach dem Trank waren,
ſprach der Mann zum Knecht: „geh doch hinunter in den
Keller, und ſieh wo die Elſe und die Magd bleibt." Der
Knecht ging hinab, da ſaß die kluge Elſe und die Magd, und
weinten beide zuſammen, da fragte er: „was weint ihr denn?"
„Ach," ſprach die Elſe, „ſoll ich nicht weinen? wenn ich
den Hans kriege, und wir kriegen ein Kind, und das iſt
groß, und ſoll hier Trinken zapfen, ſo fällt ihm die Kreuz=
hacke auf den Kopf, und ſchlägts todt." Da ſprach der
Knecht: „was haben wir für eine kluge Elſe!" ſetzte ſich zu
ihr, und fing auch an laut zu heulen. Oben warteten ſie
auf den Knecht, als er aber immer nicht kam, ſprach der
Mann zur Frau: „geh doch hinunter in den Keller, und
ſieh wo die Elſe bleibt." Die Frau ging hinab, und fand
alle drei in Wehklagen, und fragte nach der Urſache, da er=
zählte ihr die Elſe auch, daß ihr zukünftiges Kind wohl würde
von der Kreuzhacke todtgeſchlagen werden, wenn es erſt groß
wäre, und Bier zapfen ſollte, und die Kreuzhacke fiele herab.
Da ſprach die Mutter gleichfalls: „ach, was haben wir für
eine kluge Elſe!" ſetzte ſich hin, und weinte mit. Der Mann
oben wartete noch ein Weilchen, als aber ſeine Frau nicht
wieder kam, und ſein Durſt immer ſtärker ward, ſprach er:
„ich muß nur ſelber in den Keller gehn, und ſehen wo die
Elſe bleibt." Als er aber in den Keller kam, und alle da
bei einander ſaßen und weinten, und er die Urſache hörte,
daß das Kind der Elſe ſchuld wäre, das ſie vielleicht einmal zur
Welt brächte, und von der Kreuzhacke könnte todtgeſchlagen
werden, wenn es gerade zur Zeit, wo ſie herab fiele, darun=
ter ſäße, Bier zu zapfen, da rief er: „was für eine kluge

Else!" setzte sich, und weinte auch mit. Der Bräutigam blieb lange oben allein, da niemand wiederkommen wollte, dachte er, „sie werden unten auf dich warten, du mußt auch hingehen, und sehen, was sie vorhaben." Als er hinab kam, saßen da fünfe, und schrien und jammerten ganz erbärmlich, einer immer besser, als der andere. „Was für ein Unglück ist denn geschehen?" fragte er. „Ach, lieber Hans," sprach die Else, „wann wir einander heirathen, und haben ein Kind, und es ist groß, und wir schickens vielleicht hierher Trinken zu zapfen, da kann ihm ja die Kreuzhacke, die da oben ist stecken geblieben, wenn sie herabfallen sollte, den Kopf zer= schlagen, daß es liegen bleibt; sollen wir da nicht weinen?" „Nun," sprach Hans, „mehr Verstand ist für meinen Haus= halt nicht nöthig: weil du so eine kluge Else bist, so will ich dich haben," packte sie bei der Hand, und nahm sie mit hinauf, und hielt Hochzeit mit ihr.

Als sie den Hans eine Weile hatte, sprach er: „Frau ich will ausgehen arbeiten, und uns Geld verdienen, geh du ins Feld, und schneid das Korn, daß wir Brot haben." „Ja, mein lieber Hans, das will ich thun." Nachdem der Hans fort war, kochte sie einen guten Brei, und nahm ihn mit ins Feld. Als sie vor den Acker kam, sprach sie zu sich selbst: „was thu ich? schneid ich ehr, oder eß ich ehr? hei, ich will erst essen." Nun aß sie ihren Topf mit Brei aus, und als sie dick satt war, sprach sie wieder: „was thu ich? schneid ich ehr, oder schlaf ich ehr? hei, ich will erst schla= fen." Da legte sie sich ins Korn, und schlief ein. Der Hans war längst zu Haus, aber die Else wollte nicht kom= men, da sprach er: „was hab ich für eine kluge Else, die ist so fleißig, daß sie nicht einmal nach Haus kommt und ißt." Als sie aber noch immer ausblieb, und es Abend ward,

ging der Hans hinaus, und wollte sehen, was sie geschnitten
hätte, aber es war nichts geschnitten, sondern sie lag im
Korn, und schlief. Da eilte Hans geschwind heim, und
holte ein Vogelgarn mit kleinen Schellen, und hängte es um
sie herum; und sie schlief noch immer fort. Dann lief er
heim, setzte sich auf einen Stuhl, und schloß die Hausthür
zu. Endlich erwachte die kluge Else, wie es schon ganz dun=
kel war, und als sie aufstand, rappelte es um sie herum,
bei jedem Schritte, den sie that. Da erschrak sie, und ward
irre, ob sie auch wirklich die kluge Else wäre, und sprach:
„bin ichs, oder bin ichs nicht?" Sie wußte aber nicht, was
sie darauf antworten sollte, und stand eine Zeitlang zweifel=
haft: endlich dachte sie, „ich will nach Haus gehen, und
fragen ob ichs bin, oder ob ichs nicht bin, die werdens ja
wissen." Sie lief vor ihre Hausthüre, aber die war ver=
schlossen: da klopfte sie an das Fenster, und rief: „Hans,
ist die Else drinnen?" „Ja," antwortete der Hans, „sie
ist drinnen." Da erschrak sie, und sprach: „ach Gott, dann
bin ichs nicht," und ging vor eine andere Thür; als aber
die Leute das Klingeln der Schellen hörten, wollten sie nicht
aufmachen, und sie konnte nirgends unterkommen: da lief sie
fort zum Dorfe hinaus, und kam nicht wieder.

Wie hieß die Tochter des Mannes? Wann sprach der Va=
ter, wir wollen sie heirathen lassen? Was sagte der Vater, als
sie erwachsen war? Was erwiederte die Mutter? Wer kam,
um die Else zu heirathen? Wo war er her? Unter welcher
Bedingung wollte er sie zur Frau nehmen? Was sprach der
Vater, um seine Tochter dem Hans anzuempfehlen? Was
sagte die Mutter? Wo saßen sie gerade, als die Mutter Elsen
befahl, in den Keller zu gehn? Was sollte sie dort holen?
Wo bewahrte man das Bier? Wo hing der Krug? War
ein Deckel auf dem Kruge? Was für ein Krug war es?
Was wollte sie mit dem Kruge machen? Weshalb klappte sie

unterwegs mit dem Deckel? Was stellte sie vor's Faß? Warum
that sie das? Machte sie den Hahn auf? Warum machte sie
den Hahn auf? Was erblickte sie über sich, während sie das
Bier in den Krug laufen ließ? Wie kam die Kreuzhacke in
den Keller? Fürchtete sich Else in dem Keller? Warum fürch=
tete sie besonders die Kreuzhacke? War das nicht albern? Wo
saßen die Andern unterdessen? Worauf warteten sie? Hatten
die Eltern eine Magd? Was befahl die Mutter der Magd?
Wo fand die Magd die närrische Else? Klagte Else der Magd
ihre Noth? Was sagte sie zu ihr? Was antwortete die
Magd? Sangen nicht Beide ein Thränenduett? Wer ward
nun in den Keller geschickt? Wo fand der Knecht die beiden
Gänschen? Was that der Knecht mit ihnen? Wer ward nach
dem Knechte hinuntergeschickt? Kehrte die Mutter zurück?
Was sagte die Mutter, nachdem sie die Leidensgeschichte der
Else angehört hatte? Wie lange wartete der Mann oben?
Dürstete ihm? Warum ging er hinunter? Wo fand er die
Andern? Sagten sie ihm, weshalb sie weinten? Wer war
oben allein zurückgeblieben? Was sagte der Bräutigam, nach=
dem er die Ursache ihres Kummers gehört hatte? Heirathete
Hans die Else? Was befahl ihr Hans, nach einiger Zeit?
Was sollte Else im Felde thun? Wo sollte sie Korn schneiden?
Was kochte sie, nachdem ihr Mann fort war? Was sagte sie,
als sie auf dem Acker angekommen war? Aß sie den Brei?
Wo war der Brei? Was that sie anstatt Korn zu schneiden?
Wo war Hans während dieser Zeit? Wie lange wartete Hans?
Was wollte er auf dem Felde thun? Hatte sie Korn geschnit=
ten? Wo lag sie? Was machte Hans mit dem Vogelgarn?
Wachte Else auf? Was that Hans hierauf? Wann erwachte
die kluge Else? Was geschah? Wußte sie, wer das Vogel=
garn um sie herum gehängt hatte? Wozu entschloß sie sich,
nachdem sie eine Zeitlang zweifelhaft da gestanden hatte? Fand
sie die Hausthüre verschlossen? Wen fragte sie? Was fragte
sie den Hans? Antwortete Hans? Warum wollten die Leute
nicht aufmachen? Konnte sie irgendwo unterkommen? Was
that sie zuletzt? Kehrte sie zurück? Was wurde aus ihr? —

16.
Schneeweißchen und Rosenroth.
Aus Grimm's Erzählungen.

Eine arme Wittwe, die lebte einsam in einem Hüttchen, und vor dem Hüttchen war ein Garten, darin standen zwei Rosenbäumchen, davon trug das eine weiße, das andere ro= the Rosen; und sie hatte zwei Kinder, die glichen den bei= den Rosenbäumchen, und das eine hieß Schneeweißchen, das andere Rosenroth. Sie waren aber so fromm und gut, so arbeitsam und unverdrossen, als je zwei Kinder auf der Welt gewesen sind: Schneeweißchen war nur stiller und sanf= ter als Rosenroth. Rosenroth sprang lieber in den Wiesen und Feldern umher, suchte Blumen und fing Sommervögel: Schneeweißchen aber saß daheim bei der Mutter, half ihr im Hauswesen, oder las ihr vor, wenn nichts zu thun war. Die beiden Kinder hatten einander so lieb, daß sie sich im= mer an den Händen faßten, so oft sie zusammen ausgingen, und wenn Schneeweißchen sagte: „wir wollen uns nicht ver= lassen," so antwortete Rosenroth: so lange wir leben nicht," und die Mutter setzte hinzu: „was das eine hat, solls mit dem andern theilen." Oft liefen sie im Walde allein umher, und sammelten rothe Beeren, aber kein Thier that ihnen etwas zu leid, sondern sie kamen vertraulich herbei: das Häs= chen fraß ein Kohlblatt aus ihren Händen; das Reh graste an ihrer Seite; der Hirsch sprang ganz lustig vorbei; die Vögel blieben auf den Ästen sitzen, und sangen, was sie nur wußten. Kein Unfall traf sie, wenn sie sich im Walde ver= spätet hatten, und die Nacht sie überfiel, so legten sie sich nebeneinander auf das Moos, und schliefen bis der Morgen kam, und die Mutter wußte das, und hatte ihrentwegen keine Sorge. Einmal, als sie im Walde übernachtet hatten, und das Morgenroth sie aufweckte, da sahen sie ein schönes Kind in einem weißen glänzenden Kleidchen neben ihrem Lager sitzen. Es stand auf, und blickte sie ganz freundlich an, sprach aber nichts, und ging in den Wald hinein. Und als sie sich umsahen, so hatten sie ganz nahe bei einem Abgrunde geschlafen, und wären gewiß hineingefallen, wenn sie in der Dunkelheit noch ein paar Schritte weiter gegangen wären. Die Mutter aber sagte ihnen, das müßte der Engel gewesen sein, der gute Kinder bewache.

Schneeweißchen und Rosenroth hielten das Hüttchen der Mutter so reinlich, daß es eine Freude war hinein zu schauen. Im Sommer besorgte Rosenroth das Haus, und stellte der Mutter jeden Morgen, ehe sie aufwachte einen Blumenstrauß vors Bett, darin war von jedem Bäumchen eine Rose. Im Winter zündete Schneeweißchen das Feuer an, und hing den Kessel an den Feuerhaken, und der Kessel war von Messing, glänzte aber wie Gold, so rein war er gescheuert. Abends, wenn die Flocken fielen, sagte die Mutter: „geh, Schneeweißchen, und schieb den Riegel vor," und dann setzten sie sich an den Heerd, und die Mutter nahm die Brille, und las aus einem großen Buche vor, und die beiden Mädchen hörten zu, saßen und spannen; neben ihnen lag ein Lämmchen auf dem Boden, und hinter ihnen auf einer Stange saß ein weißes Täubchen, und hatte seinen Kopf unter den Flügel gesteckt.

Eines Abends, als sie so vertraulich beisammen saßen, klopfte jemand an die Thüre, als wollte er eingelassen sein. Die Mutter sprach: „geschwind, Rosenroth, mach auf, es wird ein Wanderer sein, der Obdach sucht." Rosenroth ging, und schob den Riegel weg, aber statt daß ein Mensch sich gezeigt hätte, streckte ein Bär seinen dicken schwarzen

Kopf zur Thüre herein. Rosenroth schrie laut, und sprang zurück, das Lämmchen blöckte, das Täubchen flatterte auf, und Schneeweißchen versteckte sich hinter der Mutter Bett. Der Bär aber fing an zu sprechen, und sagte: „fürchtet euch nicht, ich thue euch nichts zu leid, ich bin halb erfroren, und will mich nur ein wenig bei euch wärmen." „Ei, du armer Bär," sprach die Mutter, „leg dich ans Feuer, und gib nur acht, daß dir dein Pelz nicht brennt." Dann rief sie: „Schneeweißchen, Rosenroth, kommt hervor, ihr Kinder, der Bär thut euch nichts, er meints ehrlich." Da kamen sie beide heran, und nach und nach näherten sich auch das Lämmchen und Täubchen, und hatten keine Furcht mehr. Der Bär sprach: „ihr Kinder, klopft mir den Schnee ein wenig aus dem Pelzwerk," und sie holten den Besen, und kehrten dem Bär das Fell rein, er aber streckte sich ans Feuer, und brummte ganz vergnügt und behaglich. Nicht lange so wurden sie ganz vertraut, und trieben Muthwillen mit dem unbeholfenen Gast, zausten ihm das Fell mit den Händen, setzten ihre Füßchen auf seinen Rücken, und walgerten ihn hin und her, oder nahmen eine Haselruthe, und schlugen auf ihn los, und wenn er brummte, so lachten sie. Der Bär ließ sichs aber gerne gefallen, nur wenn sie es gar zu arg machten, rief er: „laßt mich am Leben, ihr Kinder:

> „Schneeweißchen, Rosenroth,
> Schlägst dir den Freier todt."

Als Schlafenszeit war, und die andern zu Bett gingen, sagte die Mutter zu dem Bär: „du kannst in Gottes Namen da am Heerde liegen bleiben, so bist du vor der Kälte und dem bösen Wetter geschützt." Als der Tag graute, ließen ihn die beiden Kinder hinaus, und er trabte über den Schnee in den Wald hinein. Von nun an kam der Bär jeden Abend zu der bestimmten Stunde, legte sich an den Heerd, und erlaubte den Kindern Kurzweil mit ihm zu treiben, so viel sie wollten; und sie waren so gewöhnt an ihn, daß die Thüre nicht eher zugeriegelt wurde, als bis der schwarze Gesell angelangt war.

Als das Frühjahr herangekommen, und draußen Alles grün war, sagte der Bär eines Morgens zu Schneeweißchen: „nun muß ich fort, und darf den ganzen Sommer nicht wieder kommen.“ „Wo gehst du denn hin, lieber Bär?“ fragte Schneeweißchen. „Ich muß in den Wald, und meine Schätze vor den bösen Zwergen hüten: im Winter wenn die Erde hart gefroren ist, müssen sie wohl unten bleiben, und können sich nicht durcharbeiten, aber jetzt, wenn die Sonne die Erde aufgethaut und erwärmt hat, da brechen sie durch, steigen herauf, suchen und stehlen: und was einmal in ihren Händen ist, und in ihren Höhlen liegt, das kommt so leicht nicht wieder an des Tages Licht.“ Schneeweißchen war ganz traurig über den Abschied, und riegelte ihm die Thüre auf, und als der Bär sich hinaus drängte, blieb er an dem Thür= haken hängen, und ein Stück seiner Haut riß auf, und da war es Schneeweißchen, als hätte es Gold durchschimmern gesehen: aber es war seiner Sache nicht gewiß, weil der Bär eilig fort lief, und bald hinter den Bäumen verschwunden war.

Nach einiger Zeit schickte die Mutter die Kinder in den Wald, Reisig zu sammeln. Da fanden sie draußen einen großen Baum, der lag gefällt auf dem Boden, und an dem Stamme sprang zwischen dem Gras etwas auf und ab, sie konnten aber nicht unterscheiden, was es war. Als sie näher kamen, sahen sie einen Zwerg mit einem alten ver= welktem Gesicht und einem ellenlangem schneeweißen Bart. Das Ende des Barts war in eine Spalte des Baums ein= geklemmt, und der Kleine sprang hin und her wie ein Hünd=

chen an einem Seil, und wußte nicht wie er sich helfen sollte. Er glotzte die Mädchen mit seinen rothen feurigen Augen an, und schrie: „was steht ihr da! könnt ihr nicht herbeige= hen und mir Beistand leisten?" „Was hast du angefangen, kleines Männchen?" fragte Rosenroth. „Dumme, neugierige Gans," antwortete der Zwerg, „den Baum habe ich mir spalten wollen, um kleines Holz in der Küche zu haben: bei den dicken Klötzen verbrennt gleich das bischen Speise, das unser einer braucht, der nicht so viel hinunter schlingt, als ihr grobes Volk. Ich hatte einen Keil hinein getrieben, und es wäre alles nach Wunsch gegangen, aber der ver= wünschte Keil war zu glatt, und sprang unversehens heraus, und der Baum fuhr so geschwind zusammen, daß ich mei= nen schönen weißen Bart nicht mehr herausziehen konnte; nun steckt er drinn, und ich kann nicht fort. Da lachen die al= bernen glatten Milchgesichter! pfui, was seid ihr garstig;" Die Kinder gaben sich alle Mühe, aber sie konnten den Bart nicht herausziehen, er steckte zu fest. „Ich will laufen, und Leute herbei holen" sagte Rosenroth. „Wahnsinnige Schafs= köpfe," schnarrte der Zwerg, „wer wird gleich Leute herbei= rufen, ihr seid mir schon um zwei zu viel: fällt euch nicht besseres ein?" „Sei nur nicht ungeduldig," sagte Schnee= weißchen, „ich will schon Rath schaffen," und holte sein Scheerchen aus der Tasche, und schnitt das Ende des Bar= tes ab. Sobald der Zwerg sich frei fühlte, griff er nach einem Sack, der zwischen den Wurzeln des Baumes steckte, und mit Gold gefüllt war, hob ihn heraus, und brummte vor sich hin, „ungehobeltes Volk, schneidet mir ein Stück von meinem stolzen Barte ab! lohns euch der Guckguck!" Damit schwang er seinen Sack auf den Rücken, und ging fort ohne die Kinder nur noch einmal anzusehen.

Einige Zeit danach wollten Schneeweißchen und Rosen=
roth ein Gericht Fische angeln. Als sie nahe bei dem Bach
waren, sahen sie daß etwas, wie eine große Heuschrecke, nach
dem Wasser zu hüpfte, als wollte es hinein springen. Sie
liefen heran, und erkannten den Zwerg. „Wo willst du
hin?" sagte Rosenroth, „du willst doch nicht ins Wasser?"
„Solch ein Narr bin ich nicht," schrie der Zwerg, „seht
ihr nicht, der verwünschte Fisch will mich hinein ziehen?"
Der Kleine hatte da gesessen und geangelt, und unglücklicher
Weise hatte der Wind seinen Bart mit der Angelschnur ver=
flochten; als gleich darauf ein großer Fisch anbiß, fehlten
dem schwachen Geschöpf die Kräfte ihn herauszuziehen; der
Fisch behielt die Oberhand, und riß den Zwerg zu sich hin.
Zwar hielt er sich an allen Halmen und Binsen fest, aber
das half nicht viel, er mußte den Bewegungen des Fisches
folgen, und war in beständiger Gefahr ins Wasser gezogen
zu werden. Die Mädchen kamen zu rechter Zeit, hielten ihn
fest, und versuchten den Bart von der Schnur loszumachen,
aber vergebens, Bart und Schnur waren fest in einander
verwirrt. Es blieb nichts übrig, als das Scheerchen hervor
zu holen, und den Bart abzuschneiden; dabei ging ein klei=
ner Theil desselben verloren. Als der Zwerg das sah, schrie
er sie an: „ist das Manier, ihr Lorche, einem das Gesicht
zu schänden! nicht genug, daß ihr mir den Bart unten ab=
gestutzt habt, jetzt schneidet ihr mir den besten Theil davon
ab: ich darf mich vor den Meinigen gar nicht sehen lassen.
Daß ihr laufen müßtet und die Schuhsohlen verloren hättet!"
Dann holte er einen Sack Perlen, der im Schilfe lag, und
ohne ein Wort weiter zu sagen, schleppte er ihn fort, und
verschwand hinter einem Stein.

Es trug sich zu, daß bald hernach die Mutter die bei=

den Mädchen nach der Stadt schickte, Zwirn, Nadeln, Schnüre und Bänder einzukaufen. Der Weg führte sie über eine Heide, auf der hier und da mächtige Felsenstücke zerstreut lagen, da sahen sie einen großen Vogel in der Luft schweben, der langsam über ihnen kreiste, sich immer tiefer herab senkte, und endlich nicht weit bei einem Felsen niederstieß. Gleich darauf hörten sie einen durchdringenden jämmerlichen Schrei. Sie liefen herzu, und sahen mit Schrecken, daß der Adler ihren alten Bekannten, den Zwerg, gepackt hatte, und' ihn forttragen wollte. Die mitleidigen Kinder hielten gleich das Männchen fest, und zerrten sich so lange mit dem Adler herum, bis er seine Beute fahren ließ. Als der Zwerg sich von dem ersten Schrecken erholt hatte, sprach er: „konntet ihr nicht säuberlicher mit mir umgehen, gerissen habt ihr an meinem dünnen Röckchen, daß es überall zerfetzt und durchlöchert ist, unbeholfenes und täppisches Gesindel, daß ihr seid!" Dann nahm er einen Sack mit Edelsteinen, und schlüpfte wieder unter den Felsen in seine Höhle. Die Mädchen waren an seinen Undank schon gewöhnt, setzten ihren Weg fort, und verrichteten ihr Geschäft in der Stadt. Als sie beim Heimweg wieder auf die Heide kamen, überraschten sie den Zwerg, der auf einem reinlichem Plätzchen seinen Sack mit Edelsteinen ausgeschüttet, und nicht gedacht hatte, daß so spät noch jemand daher kommen würde. Die Abendsonne schien über die glänzenden Steine, und sie schimmerten und leuchteten so prächtig in allen Farben, daß die Kinder stehen blieben und sie betrachteten. „Was steht ihr da, und habt Maulaffen feil?" schrie der Zwerg, und sein aschgraues Gesicht ward zinnoberroth vor Zorn. Er wollte mit seinen Scheltworten fortfahren, als sich ein lautes Brummen hören ließ, und ein schwarzer Bär aus dem Walde herbei trabte.

Erschrocken sprang der Zwerg auf, aber er konnte nicht mehr zu seinem Schlupfwinkel gelangen, der Bär war schon in seiner Nähe. Da rief er in Herzensangst: „lieber Herr Bär, verschont mich, ich will euch alle meine Schätze geben, seht, die schönen Edelsteine, die da liegen. Schenkt mir das Leben, was habt ihr an mir kleinen schmächtigen Kerl? ihr spürt mich nicht zwischen den Zähnen: da die beiden gottlosen Mädchen packt, das sind für euch zarte Bissen, fett wie junge Wachteln, die freßt in Gottes Namen." Der Bär kümmerte sich um seine Worte nicht, gab dem boshaften Geschöpf einen einzigen Schlag mit der Tatze, und es regte sich nicht mehr.

Die Mädchen waren fort gesprungen, aber der Bär rief ihnen nach „Schneeweißchen und Rosenroth, fürchtet euch nicht, wartet, ich will mit euch gehen." Da erkannten sie seine Stimme, und blieben stehen, und als der Bär bei ihnen war, fiel plötzlich die Bärenhaut ab, und er stand da als ein schöner Mann, und war ganz in Gold gekleidet. „Ich bin ein Königssohn," sprach er, „und war von dem gottlosen Zwerg, der mir meine Schätze gestohlen hatte, verwünscht als ein wilder Bär in dem Walde zu laufen, bis ich durch seinen Tod erlöst würde. Jetzt hat er seine wohlverdiente Strafe empfangen."

Schneeweißchen ward mit ihm vermählt, und Rosenroth mit seinem Bruder, und sie theilten die großen Schätze mit einander, die der Zwerg in seiner Höhle zusammen getragen hatte. Die alte Mutter lebte noch lange Jahre ruhig und glücklich bei ihren Kindern. Die zwei Rosenbäumchen aber nahm sie mit, und sie standen vor ihrem Fenster, und trugen jedes Jahr die schönsten Rosen, weiß und roth.

Wer lebte in dem Hüttchen? Wo lebte die arme Wittwe? Wie viele Rosenbäumchen standen in dem Garten? Wo stan=

6

den die Rosenbäumchen? Was für Rosen trug das eine Bäum=
chen? Was für Rosen das andere? Wem glichen die Kinder
der Wittwe? Wie viele Kinder hatte sie? — Waren Beide
gut? Was wird von Schneeweißchen gesagt? Was von Ro=
senroth? Wo suchte Rosenroth Blumen? Was fing Rosen=
roth auf den Wiesen? Was that Schneeweißchen, wenn es
daheim bei der Mutter saß? Hatten die Kinder einander lieb?
Was thaten sie, wenn sie zusammen ausgingen? Wo sammel=
ten sie die rothen Beeren? Was thaten sie im Walde? Wie
verhielten sich die Thiere im Walde? Was fraß das Häschen?
Wo grasie das Rehchen? Was that der Hirsch? Gab es
auch Vögel in dem Walde? Wo saßen die Vögel? Wo
schliefen die Kinder des Nachts? Wie lange schliefen sie?
Machte sich die Mutter der Kinder wegen Sorge? Was er=
blickten sie eines Nachts neben ihrem Bette? Trug das Kind
schöne Kleider? Was für Kleider? Was that das schöne
Kind? Wo ging es hin? Was bemerkten die Kinder, als sie
sich umsahen? Was würde geschehen sein, wenn sie noch ein
Paar Schritte weiter gegangen wären? Was sagte die Mutter
dazu? Wie sah es in dem Hüttchen der Mutter aus? Wer
besorgte das Haus im Sommer? Was that Rosenroth jeden
Morgen, ehe die Mutter erwachte? Was that Schneeweißchen
im Winter? Wo hing es den Kessel hin? Was für ein Kes=
sel war es? Was kochte sie in dem Kessel? Wer scheuerte
den messingernen Kessel? Was pflegte die Mutter Abends, wenn
die Flocken fielen, zu Schneeweißchen zu sagen? — Was that
die Mutter, nachdem sie ihre Brille aufgesetzt? Auf welche Weise
beschäftigten sich die Mädchen, während die Mutter aus dem großen
Buche vorlas? — Wo lag das Lämmchen? Wo saß das
Täubchen? Was geschah eines Abends? — Was sagte die
Mutter zu Rosenroth? Öffnete Jemand die Thüre? Was
erblickte es? Erschrak Rosenroth? Warum erschrak es?
Was thaten die Andern, die im Zimmer waren? Wo versteckte
sich Schneeweißchen? Konnte der Bär sprechen? Was sagte
er? Warum wollte er sich wärmen? Durfte er dableiben?
Was empfahl die Mutter dem Bären besonders an? Fürchte=
ten sich nachher die Kinder noch vor dem Bären? Warum
fürchteten sie sich nicht? Womit fegten die Kinder den Schnee
weg? Was machten die Kinder mit dem Besen? Wo legte

sich der Bär hin? Wie behandelten die Kinder den Bären, nachdem sie mit ihm vertraut geworden waren? Schlugen sie den Bären? Womit? Was thaten die Kinder, wenn der Bär brummte? Ließ sich's der Bär gefallen? Was sagte er, wenn die Kinder es zu arg machten? Wo schlief der Bär des Nachts? Wo ging der Bär hin, wenn der Tag graute? Wann wollte sie der Bär verlassen? Wie sah es draußen aus, als das Frühjahr herangekommen war? Wo wollte der Bär hingehn? Was wollte der Bär in dem Walde thun? Konnten die Zwerge im Winter durchbrechen? Warum nicht? Wann kamen die Zwerge gewöhnlich? Warum im Sommer? Stahlen sie? Was stahlen sie? Weßhalb war Schneeweißchen so traurig? Was geschah, nachdem Schneeweißchen dem Bären die Thüre aufgeriegelt hatte? Was war die Ursache, daß der Bär hängen blieb? Was bemerkte Schneeweißchen bei diesem Vorfalle? Wie kam es, daß das Gold durchschimmerte? Was sollten die Kinder nach einiger Zeit in dem Walde sammeln? Wozu sammelten sie Holz? Was fanden sie draußen? Was bemerkten sie an dem Stamme? Was that der Zwerg? Wie sah der Zwerg aus? Wo war das Ende des Bartes eingeklemmt? Was für Augen hatte der Zwerg? Beschreiben Sie sonst den Zwerg? Was schrie er den Mädchen zu? War der Zwerg höflich oder unhöflich? Was für eine Antwort gab er? Sagen Sie mir gefälligst was der Zwerg sagte? — Warum hatte er den Baum spalten wollen? Weßhalb brannte er keine Klötze? Auf welche Weise hatte er das Holz spalten wollen? Was war mit dem Keil geschehen? Warum bediente er sich des Keils? — Wie kam es, daß sein Bart eingeklemmt wurde? Beschrieben Sie den Bart des Zwerges? Wie lang war er? Lachten die Kinder den Zwerg aus? Warum lachten sie ihn aus? Gelang es den Kindern, den Bart herauszuziehn? Warum gelang es ihnen nicht? Wen wollte Rosenroth herbeiholen? Wer schaffte endlich Rath? Was machte Schneeweißchen mit der Scheere? Wo steckte der Sack? Was war in dem Sacke? Dankte der Zwerg den Kindern für ihre Mühe? Was that er anstatt sich zu bedanken? Was wollten einst die Kinder nach diesem Vorfalle thun? Wo wollten sie angeln? Was braucht man um zu angeln? Was erblickten sie nahe bei dem Bache? War es wirklich eine Henschrecke? Wie sehn

6 *

Heuschrecken aus? Sprach Rosenroth mit dem Zwerge? Was antwortete er? Was hatte der Zwerg am Bache gethan? Womit hatte sich sein Bart verflochten? Wozu brauchte er die Angelschnur? Was hatte der große Fisch gethan? Warum konnte der Zwerg den Fisch nicht herausziehen? Woran hielt sich der Zwerg fest? Warum hielt er sich fest? War der Zwerg dabei in Gefahr? Was versuchten die Mädchen? Gelang es ihnen? Wie erlösten sie endlich den Zwerg? Hatten sie den Zwerg schon früher aus der Noth geholfen? Warum schimpfte der undankbare Zwerg die Mädchen aus? — Was hielt er im Schilfe versteckt? Was war in dem Sacke? Wohin schickte die Mutter ihre Kinder? Was sollten sie in der Stadt kaufen? Wo lagen die Felsenstücke zerstreut? Was erblickten sie in der Luft? Wo stieß der Vogel nieder? — Was hörten sie gleich darauf? Was sahen sie? Wollte der Adler mit dem Zwerge fortfliegen? Was thaten die Mädchen? Warum befreiten die Mädchen den Zwerg? Gab er ihnen diesmal seine Dankbarkeit zu erkennen? — Was sagte er zu den Mädchen? Was machte er mit seinen Edelsteinen? Wo war seine Höhle? Was thaten die Mädchen in der Stadt? Wo hatte der Zwerg seine Perlen ausgeschüttet? Warum blieben die Kinder stehen? Was machte die Steine so hell schimmern? Wer unterbrach die Schimpfreden des Zwerges? Warum schimpfte er? Was bot der Zwerg dem Bären in seiner Angst an? Womit versetzte der Bär dem Zwerge einen Schlag? Warum schlug er ihn? Hatten die Mädchen dies mit angesehn? — Was sagte der Bär zu den Mädchen? Woran erkannten die Mädchen den Bären? Was wurde plötzlich aus dem Bären? Wer war der Bär? Was hatte der böse Zwerg gethan? — Wessen Schätze hatte er gestohlen? Mit wem wurde Schneeweißchen vermählt? Wen heirathete Rosenroth? Was machten sie mit den Schätzen? Wo waren die Schätze verborgen? — Vergaßen sie ihre alte Mutter? Was machte sie mit den Rosenbäumchen? Blühten die Rosen? Was für Rosen waren es?

17.

Der treue Johannes.

Aus Grimm's Volksmärchen.

Es war einmal ein alter König, der war krank, und dachte: „es wird wohl das Todtenbett sein, darauf ich liege." Da sprach er: „laßt mir den getreuen Johannes kommen." Der treue Johannes war aber sein liebster Diener, und hieß so, weil er ihm sein Lebelang so treu gewesen war. Als er nun vor das Bett gekommen war, sprach der König: „getreuester Johannes, ich fühle, daß mein Ende heran naht, und da hab ich keine andere Sorge, als um meinen Sohn: er ist noch in jungen Jahren, wo er sich nicht immer zu rathen weiß, und wenn du mir nicht versprichst, ihn zu unterrichten in Allem, was er wissen muß, und sein Pflegevater zu sein, so kann ich meine Augen nicht in Ruhe zuthun." Da antwortete der getreue Johannes: „ich will ihn nicht verlassen, und will ihm mit Treue dienen, wenns auch mein Leben kostet." Da sagte der alte König: „so sterb ich getrost und in Frieden." Und sprach dann weiter: „nach meinem Tode sollst du ihm das ganze Schloß zeigen, alle Kammern, Säle und Gewölbe, und alle Schätze, die darin liegen: aber eine Kammer sollst du ihm nicht zeigen, die, worin das Bild von der Königstochter vom goldenen Dache verborgen steht: denn wenn er sie erblickt, wird er eine heftige Liebe zu ihr empfinden, und wird in Ohnmacht niederfallen, und wird ihretwillen in große Gefahren gerathen; davor sollst du ihn hüten." Und als der treue Johannes nochmals dem alten König die Hand darauf gegeben hatte, ward dieser still, legte sein Haupt auf das Kissen, und starb.

Als der alte König nun zum Grabe getragen war,

da erzählte der treue Johannes dem jungen König, was er
seinem Vater auf dem Sterbelager versprochen hatte, und
sagte: „das will ich gewißlich halten, und will dir treu sein,
wie ich ihm gewesen bin, und sollte es mein Leben kosten.“
Die Trauer ging vorüber, da sprach der treue Johannes zu
ihm: „es ist nun Zeit, daß du dein Erbe siehst: ich will dir
dein väterliches Schloß zeigen.“ Da führte er ihn überall
herum, auf und ab, und ließ ihn alle die Reichthümer und
prächtigen Kammern sehen: nur die eine Kammer öffnete er
nicht, worin das gefährliche Bild stand. Das Bild war
aber so gestellt, daß, wenn die Thüre aufging, man gerade
darauf sah, und war so herrlich gemacht, daß man meinte,
es leibte und lebte, und es gäbe nichts lieblicheres und schö-
neres auf der ganzen Welt. Der junge König aber merkte
wohl, daß der getreue Johannes immer an einer Thür vorüberging, und sprach: „warum schließest du mir diese eine
nicht auf?“ „Es ist etwas darin,“ antwortete er, „vor dem
du erschrickst.“ Aber der König antwortete: „ich habe das
ganze Schloß gesehen, so will ich auch wissen was darin ist,“
und ging, und wollte die Thüre mit Gewalt öffnen. Da
hielt ihn der getreue Johannes zurück, und sagte: „ich habe
es deinem Vater vor seinem Tode versprochen, daß du nicht
sehen sollst, was in der Kammer steht: es könnte dir und
mir zu großem Unglück ausschlagen.“ „Ach,“ antwortete der
junge König, „wenn ich nicht hinein komme, so ists mein
Unglück: ich würde Tag und Nacht keine Ruhe haben, bis
ichs mit meinen Augen gesehen hätte. Nun gehe ich nicht
von der Stelle, bis du aufgeschlossen hast.“

Da sah der getreue Johannes, daß es nicht mehr zu
ändern war, und suchte mit schwerem Herzen und vielem
Seufzen aus dem großen Bund den Schlüssel heraus. Da-

nach öffnete er die Thür der Kammer, und trat zuerst hinein, und dachte, der König sollte das Bildniß vor ihm nicht
sehen: aber was half das! der König stellte sich auf die
Fußspitzen, und sah ihm über die Schulter. Und als er das
Bildniß der Jungfrau erblickte, das so herrlich war und von
Gold glänzte, da fiel er alsbald ohnmächtig auf die Erde
nieder. Der getreue Johannes hob ihn auf, und trug ihn
in sein Bett, und dachte voll Sorgen: „das Unglück ist geschehen, Herr Gott, was will daraus werden!" dann stärkte
er ih mit Wein, bis er wieder zu sich selbst kam; das erste
aber, das er sprach, war: „ach! wer ist das schöne Bild?"
„Das ist die Königstochter vom goldenen Dache," antwortete
der treue Johannes. Da sprach der König weiter: „meine
Liebe zu ihr ist so groß, wenn alle Blätter an den Bäumen
Zungen wären, sie könntens nicht aussagen; mein Leben
setze ich daran, sie zu erlangen; du bist mein treuster Johannes, du mußt mir beistehen."

Der treue Diener sann lange nach, wie es anzufangen
wäre, denn es hielt schwer, nur vor das Angesicht der Königstochter zu kommen. Endlich hatte er ein Mittel ausgedacht, und sprach zu dem König: „alles, was sie um sich
hat, ist von Gold: Tische, Stühle, Schüsseln, Becher,
Näpfe, und alles Hausgeräth: in deinem Schatze liegen fünf
Tonnen Goldes, davon laß eine von den Goldschmieden des
Reichs verarbeiten zu allerhand Gefäßen und Geräthschaften,
zu allerhand Vögeln, Gewild und wunderbaren Thieren,
damit wollen wir hinfahren und unser Glück versuchen."
Der König ließ alle Goldschmiede zusammen kommen: sie
arbeiteten Tag und Nacht, bis endlich die herrlichsten Dinge
fertig waren. Nun ließ der getreue Johannes alles auf
ein Schiff laden, und zog Kaufmannskleider an, und der

König mußte ein gleiches thun, so daß er unkenntlich war; dann fuhren sie über das Meer, und fuhren lange, bis sie zu der Stadt kamen, worin die Königstochter vom goldenen Dache wohnte.

Der treue Johannes hieß den König auf dem Schiffe zurückbleiben, und auf ihn warten. „Vielleicht," sprach er, „bring ich die Königstochter mit, darum sorgt, daß alles in Ordnung ist, laßt die Goldgefäße aufstellen, und das ganze Schiff ausschmücken." Darauf suchte er sich in sein Schürzchen allerlei von den Goldsachen zusammen, stieg ans Land, und ging gerade nach dem königlichen Schloß. Und als er in den Schloßhof kam, stand da beim Brunnen ein schönes Mädchen, das hatte zwei goldene Eimer in der Hand, und schöpfte damit. Und als es das goldblinkende Wasser forttragen wollte, und sich umdrehte, sah es den fremden Mann, und fragte ihn, wer er wäre? Da antwortete er: „ich bin ein Kaufmann," und öffnete sein Schürzchen, und ließ sie hineinschauen. Da rief sie: „ei, was für schönes Goldzeug!" setzte die Eimer nieder, und betrachtete eins nach dem andern. Da sprach das Mädchen: „das muß die Königstochter sehen, die hat so große Freude an den Goldsachen, daß sie euch alles abkauft." Es nahm ihn bei der Hand, und führte ihn hinauf, denn es war die Kammerfrau. Als die Königstochter die Waare sah, war sie ganz vergnügt, und sprach: „es ist so schön gearbeitet, daß ich dir alles abkaufen will." Aber der getreue Johannes sprach: „ich bin nur der Diener von einem reichen Kaufmann, was ich hier habe ist nichts gegen das, was mein Herr auf seinem Schiffe stehen hat, und das ist das künstlichste und köstlichste, was je in Gold ist gebildet worden." Sie wollte alles herauf gebracht haben, aber er sprach: „dazu gehören viele Tage, so groß

ist die Menge, und so viel Säle um es aufzustellen, daß
euer Haus nicht Raum dafür hat." Da ward ihre Neugierde und Lust immer mehr angeregt, so daß sie endlich sagte:
„führe mich hin zu dem Schiff, ich will selbst hingehen und
deines Herrn Schätze betrachten."

Da führte sie der getreue Johannes zu dem Schiffe hin,
und war ganz freudig, und der König, als er sie erblickte,
sah daß ihre Schönheit noch größer war, als das Bild sie
dargestellt hatte, und meinte nicht anders, als das Herz
wollte ihm zerspringen. Nun stieg sie in das Schiff, und
der König führte sie hinein; der getreue Johannes aber blieb
zurück bei dem Steuermann, und hieß das Schiff abstoßen,
„spannt alle Segel auf, daß es fliegt wie ein Vogel in der
Luft." Der König aber zeigte ihr drinnen das goldene Ge-
schirr, jedes einzeln, die Schüsseln, Becher, Näpfe, die
Vögel, das Gewild und die wunderbaren Thiere. Viele
Stunden gingen herum, während sie alles besah, und in
ihrer Freude merkte sie nicht, daß das Schiff dahin fuhr.
Nachdem sie das letzte betrachtet hatte, dankte sie dem Kaufmann, und wollte heim: aber als sie an des Schiffes Rand
kam, sah sie, daß es fern vom Land auf hohem Meere ging,
und mit vollen Segeln forteilte. „Ach," rief sie erschrocken,
„ich bin betrogen, ich bin entführt, und in die Gewalt eines Kaufmanns gerathen; lieber wollt ich sterben!" Der
König aber faßte sie bei der Hand, und sprach: „ein Kaufmann bin ich nicht, ich bin ein König und nicht geringer an
Geburt, als du bist: aber daß ich dich mit List entführt
habe, das ist aus übergroßer Liebe geschehen. Das erstemal,
als ich dein Bildniß gesehen habe, bin ich ohnmächtig zur
Erde gefallen." Als die Königstochter vom goldenen Dache
das hörte, ward sie getröstet, und ihr Herz ward ihm ge-

neigt, so daß sie gerne einwilligte, seine Gemahlin zu werden.

Es trug sich aber zu, während sie auf dem hohen Meere dahin fuhren, daß der getreue Johannes, als er vornen auf dem Schiffe saß und Musik machte, in der Luft drei Raben erblickte, die daher geflogen kamen. Da hörte er auf zu spielen, und horchte, was sie mit einander sprachen, denn er verstand das wohl. Die eine rief: „ei, da führt er die Königstochter vom goldenen Dache heim.“ „Ja,“ antwortete die zweite, „er hat sie noch nicht.“ Sprach die dritte: „er hat sie doch, sie sitzt bei ihm im Schiffe.“ Da fing die erste wieder an und rief: „was hilft ihm das! wenn sie ans Land kommen, wird ihm ein fuchsrothes Pferd entgegen springen: da wird er sich aufschwingen wollen, und thut er das, so sprengt es mit ihm fort und in die Luft hinein, daß er nimmer seine Jungfrau wieder sieht.“ Sprach die zweite: „ist gar keine Rettung?“ „O ja, wenn ein anderer schnell aufsitzt, das Feuergewehr, das in den Halftern stecken muß, heraus nimmt und das Pferd damit todt schießt, so ist der junge König gerettet. Aber wer weiß das! und wers weiß, und sagts ihm, der wird zu Stein von den Fußzehen bis zum Knie.“ Da sprach die zweite: „ich weiß noch mehr, wenn das Pferd auch getödtet wird, so behält der junge König doch nicht seine Braut: wenn sie zusammen ins Schloß kommen, so liegt dort ein gemachtes Brautkleid in einer Schüssel, und sieht aus, als wärs von Gold und Silber gewebt, ist doch nichts als Schwefel und Pech: wenn ers anthut, verbrennt es ihn bis auf Mark und Knochen.“ Sprach die dritte: „ist da gar keine Rettung?“ „O ja,“ antwortete die zweite, „wenn einer mit Handschuhen das Kleid packt, und wirfts ins Feuer, daß es ver-

brennt, so ist der junge König gerettet. Aber was hilfts!
wers weiß und es ihm sagt, der wird halbes Leibes Stein
vom Knie bis zum Herzen." Da sprach die dritte: „ich
weiß noch mehr, wird das Brautkleid auch verbrannt, so
hat der junge König seine Braut doch noch nicht: wenn nach
der Hochzeit der Tanz anhebt, und die junge Königin tanzt,
wird sie plötzlich erbleichen, und wie todt hinfallen: und
hebt sie nicht einer auf, und zieht aus ihrem Zeigefinger drei
Tropfen Blut, und speit sie wieder aus, so stirbt sie. Aber
verräth das einer, der es weiß, so wird er ganzes Leibes zu
Stein vom Wirbel bis zur Fußzehe." Als die Raben das
mit einander gesprochen hatten, flogen sie weiter, und der
getreue Johannes hatte alles wohl verstanden, aber von der
Zeit an war er still und traurig; denn verschwieg er seinem
Herrn, was er gehört hatte, so war dieser unglücklich, ent=
deckte er es ihm, so mußte er selbst sein Leben hingeben.
Endlich aber sprach er bei sich: „meinen Herrn will ich ret=
ten, und sollt ich selbst darüber zu Grunde gehen."

Als sie nun ans Land kamen, da geschah es, wie die
Rabe vorher gesagt hatte, und es sprengte ein prächtiger
fuchsrother Gaul daher. „Wohlan," sprach der König, „der
soll mich in mein Schloß tragen," und wollte sich aufsetzen,
doch der treue Johannes kam ihm zuvor, schwang sich schnell
darauf, zog das Gewehr aus den Halftern, und schoß ihn
nieder. Da riefen die andern Diener des Königs, die dem
treuen Johannes doch nicht gut waren, „wie schändlich, das
schöne Thier zu tödten, das den König in sein Schloß tra=
gen sollte!" Aber der König sprach: „schweigt und laßt ihn
gehen, es ist mein getreuester Johannes, wer weiß wozu das
gut ist!" Nun gingen sie ins Schloß, und da stand im
Saal eine Schüssel, und das gemachte Brautkleid lag darin

und sah aus nicht anders als wär es von Gold und Silber.
Der junge König ging darauf zu, und wollte es ergreifen,
aber der treue Johannes schob ihn weg, packte es mit Hand=
schuhen an, trug es schnell ins Feuer, und ließ es verbren=
nen. Die andern Diener fingen wieder an zu murren, und
sagten: „seht, nun verbrennt er gar des Königs Brautkleid.“
Aber der junge König sprach: „wer weiß wozu es gut ist,
laßt ihn gehen, es ist mein getreuester Johannes.“ Nun
ward die Hochzeit gefeiert: der Tanz hub an, und die Braut
trat auch hinein, da hatte der treue Johannes Acht, und
schaute ihr ins Antlitz; auf einmal erbleichte sie und fiel wie
todt zur Erde. Da sprang er eilends hinzu, hob sie auf
und trug sie in eine Kammer, da legte er sie nieder, kniete
und sog die drei Blutstropfen aus ihrem Zeigefinger, und
speite sie aus. Alsbald athmete sie wieder und erholte sich,
aber der junge König hatte es mit angesehen, und wußte
nicht warum es der getreue Johannes gethan hatte, ward
zornig darüber, und rief: „werft ihn ins Gefängniß.“ Am
andern Morgen ward der getreue Johannes verurtheilt und
zum Galgen geführt, und als er oben stand und gerichtet
werden sollte, sprach er: „jeder der sterben soll, darf vor
seinem Ende noch einmal reden, soll ich das Recht auch ha=
ben?“ „Ja,“ antwortete der König, „es soll dir vergönnt
sein.“ Da sprach der treue Johannes: „Ich bin mit Un=
recht verurtheilt, und bin dir immer treu gewesen,“ und
erzählte, wie er auf dem Meer das Gespräch der Raben
gehört, und wie er, um seinen Herrn zu retten, das alles
hätte thun müssen. Da rief der König: „o mein getreuester
Johannes Gnade! Gnade! führt ihn herunter.“ Aber der
treue Johannes war bei dem letzten Wort, das er geredet
hatte, leblos herabgefallen, und war ein Stein.

Darüber trug nun der König und die Königin großes Leid, und der König sprach: „ach was hab ich große Treue so übel belohnt!" und ließ das steinerne Bild aufheben und in seine Schlafkammer neben sein Bett stellen. So oft er es ansah, weinte er und sprach: „ach, könnt ich dich wieder lebendig machen, mein getreuester Johannes." Es ging eine Zeit herum, da gebar die Königin Zwillinge, zwei Söhnlein, die wuchsen heran, und waren ihre Freude. Einmal, als die Königin in der Kirche war, und die zwei Kinder bei dem Vater saßen und spielten, sah dieser wieder das steinerne Bildniß voll Trauer an, seufzte und rief: „ach, könnt ich dich wieder lebendig machen, mein getreuester Johannes." Da fing der Stein an zu reden und sprach: „ja, du kannst mich wieder lebendig machen, wenn du dein Liebstes daran wenden willst." Da rief der König: „alles, was ich auf der Welt habe, will ich für dich hingeben." Sprach der Stein weiter: „wenn du mit deiner eigenen Hand deinen beiden Kindern den Kopf abhaust, und mich mit ihrem Blute bestreichst, so erhalte ich das Leben wieder." Der König erschrak, als er hörte, daß er seine liebsten Kinder selbst tödten sollte, doch dachte er an die große Treue, und daß der getreue Johannes für ihn gestorben war, zog sein Schwert und hieb mit eigener Hand den Kindern den Kopf ab, und bestrich mit ihrem Blute den Stein: und als das geschehen war, kehrte das Leben zurück, und der getreue Johannes stand wieder frisch und gesund vor ihm. Er aber sprach zum König: „deine Treue soll nicht unbelohnt bleiben," und nahm die Häupter der Kinder, setzte sie wieder auf, und bestrich die Wunde mit ihrem Blut: davon wurden sie im Augenblick wieder heil, und sprangen herum und spielten fort, als wär ihnen nichts geschehen. Nun war der König

voll Freude, und als er die Königin kommen sah, versteckte
er den getreuen Johannes und die beiden Kinder in einen
großen Schrank. Wie sie hereintrat, sprach er zu ihr: „hast
du gebetet in der Kirche?" „Ja," antwortete sie, „aber
ich habe beständig an den treuen Johannes gedacht, daß er
so unglücklich durch uns geworden ist.". Da sprach er: „liebe
Frau, wir können ihm das Leben wiedergeben, aber es ko=
stet unsere beiden Söhnlein, die müssen wir opfern." Die
Königin ward bleich und erschrak im Herzen, doch sprach
sie, „wir sinds ihm schuldig wegen seiner großen Treue."
Da freute er sich, daß sie dachte, wie er gedacht hatte, ging
hin und schloß den Schrank auf, und holte die Kinder und
den treuen Johannes heraus, und sprach: „Gott sei gelobt,
er ist erlöst, und unsere Söhnlein haben wir auch wieder,"
und erzählte ihr, wie sich alles zugetragen hatte. Da lebten
sie zusammen in Glückseligkeit bis an ihr Ende.

Was fehlte dem alten Könige? Hielt er seine Krankheit für
gefährlich? — Hatte der König Diener? Wie hieß sein treu=
ster Diener? Warum nannte man den Diener, den getreuen
Johannes? Wer machte dem Könige Sorge? Weshalb machte
er sich Sorge um seinen Sohn? Wer sollte nach dem Tode
des Königs Pflegevater des Sohnes werden? War der Sohn
noch nicht mündig? Versprach der treue Johannes dem Könige
für seinen Sohn zu sorgen? Was sagte der König, nachdem
ihm Johannes das Versprechen gemacht hatte? Was sollte dem
Sohne nach des Königs Tode gezeigt werden? Welche Kam=
mer durfte ihm nicht gezeigt werden? Warum die eine Kam=
mer nicht? Was geschah, nachdem Johannes dem Könige die
Hand darauf gegeben hatte? Wann erzählte Johannes dem
Sohne von dieser Unterredung? Was that Johannes, nach=
dem die Trauer vorüber war? Wo führte er den Sohn hin?
Öffnete er alle Kammern? Welche Kammer öffnete er nicht?
Warum nicht? Auf welche Weise hatte man das Bild gestellt?
Was glaubte jeder, der das Bild ansah? Warum glaubte man

103

es lebe? Was merkte der junge König wohl? Warum schloß Johannes die Thüre nicht auf? Bestand der König darauf, das Bild sehen zu wollen? — Was antwortete Johannes dem jungen Könige? Womit droht zuletzt der junge König seinem Diener? — Gab Johannes endlich nach? Wo hatte er den Schlüssel zu der Kammer? — Was that er mit dem Schlüssel? Warum ging er zuerst in die Kammer? Was that aber der schlaue König? Warum stellte er sich auf die Fußspitzen? — Beschreiben Sie doch das Bildniß der Prinzessin? — Wie wirkte das Bildniß auf den jungen König? Wo trug Johannes den ohnmächtigen König hin? — Warum gab er ihm Wein zu trinken? Erholte sich der König endlich? Was waren seine ersten Worte? Was sagte der König von seiner Liebe zu der Prinzessin? Worin sollte Johannes dem Könige beistehen? Ersann der treue Diener zuletzt etwas? — Beschreiben Sie doch gefälligst die verschiedenen Arten von Hausgeräth, welche die Prinzessin hatte? Wo lagen die fünf Tonnen Goldes? Wer sollte das Gold verarbeiten? Wozu sollte es verarbeitet werden? Wen ließ der König kommen? — Was machte man mit den Schätzen? Wie kleideten sich Beide? Warum zogen sie Kaufmannskleider an? — Was thaten sie nachher? — Warum sollte der König auf dem Schiffe zurückbleiben? — Was hieß Johannes den König, während seiner Abwesenheit zu thun? — Worin wickelte er die Schätze ein? — Ging er zu Fuß, ritt er, fuhr er in einem Wagen, oder wie begab er sich in die Stadt? Was sah er in dem Schloßhofe? Was machte das schöne Mädchen dort? Womit schöpfte es? — Wann bemerkte das Mädchen den fremden Mann? — Sprach es mit dem Manne? — Warum setzte das Mädchen die Eimer nieder? — Wohin führte das Mädchen Johannes? Wer war das Mädchen? Was sagte die Königstochter zu den vielen schönen Sachen? — Warum wollte sie ihm alles abkaufen? — Was erwiederte Johannes der Königstochter? Warum konnte Johannes nicht alles heranbringen, wie die Prinzessin wünschte? — Wozu entschloß sich die Königstochter zuletzt? Was regte sie an auf das Schiff zu gehn? — Wie fand der junge König die Prinzessin? — War sie wirklich so schön, wie das Bild sie dargestellt hatte? — Was that jetzt der König? Wo blieb Johannes? Was hieß Jo=

hannes den Steuermann thun? — Was zeigte der König der
Prinzessin im Schiffe? Warum bemerkte sie nicht, daß das
Schiff fortfuhr? — Was that sie, nachdem sie Alles gehörig
betrachtet hatte? Was bemerkte sie, als sie an des Schiffes
Rand kam? — Erschrak die arme Prinzessin darüber? —
Auf welche Weise tröstete sie der König? — Was hatte der
König aus übergroßer Liebe gethan? — Ward die Prinzessin
dem Könige nachher gewogen? — Wo hatte sich der treue
Johannes während dieser Zeit aufgehalten? — Was machte
er vornen auf dem Schiffe? Was erblickte er hoch in der
Luft? Warum hörte er auf zu spielen? — Verstand er die
Sprache der Raben? Was sagte die erste? Was die
zweite? Was die dritte? Was würde der Aussage der ersten
Rabe gemäß, dem Könige beim Landen widerfahren? Wie
würde man den König retten können? Wo würde man das
Feuergewehr finden? Was sollte mit dem Feuergewehr gemacht
werden? Was würde dem widerfahren, der es dem Könige
sagen würde? Was würde der König in der Schüssel finden?
Beschreiben Sie gefälligst das Brautkleid? Was würde dem
widerfahren, der das Kleid anziehen würde? Aber auf welche
Weise würde man den König retten können? Was würde der
Aussage der dritten gemäß, beim Tanze geschehen? Wie würde
man die Königin aus dem Scheintode erwecken können? Was
würde aus dem werden, der das Geheimniß verrathen würde?
Was thaten die Raben, nachdem sie dies mit einander verabredet hatten? Warum war der arme Johannes seit dieser Zeit
so traurig? Welchen Entschluß faßte er zuletzt? Was geschah
als sie aus Land kamen? Was that der treue Johannes, als
er sah, daß sich der König aufsetzen wollte? Wo fand er das
Gewehr? Was sagten die andern Diener des Königs dazu?
Warum gebot der König den Dienern Stillschweigen? Was
fanden sie in der Schüssel? Was machte Johannes mit
dem Brautkleide, als er sah, daß der König es angreifen
wollte? Womit packte Johannes das Kleid an? Was sagten
die andern Diener dazu? Was geschah, nachdem Johannes
der Braut auf der Hochzeit in's Antlitz geschaut hatte? —
Wohin trug er die Braut? Wie viele Blutstropfen mußte die
Königin verlieren, um wieder lebendig zu werden? Warum
ward der König zornig? Was befahl er in seinem Zorne?

Was geschah dem treuen Johannes am folgenden Tage? Welche Gnade erbat er sich vor seinem Tode von dem Könige? Bewilligte es der König? Was erzählte nun der treue Johannes dem Könige? Was war geschehn, nachdem Johannes das letzte Wort geredet hatte? — Warum trug der König und die Königin so großes Leid? Wo mußte das steinerne Bild hingebracht werden? — Was pflegte der König beim Ansehen des Bildes zu sagen? — Wo war die Königin, als die beiden Knaben bei dem Vater saßen und spielten? — Warum seufzte der König? Was sagte er? Antwortete ihm diesesmal das Bild? Was sagte es? Willigte der König ein? Wann würde das Bild wieder lebendig werden? That der König, was Johannes forderte? Was machte er mit dem Blute? Wann wurde das Bild lebendig? Was that Johannes mit den Häuptern der Kinder? Was that der König, als er die Königin kommen sah? Was fragte er sie? Wo war sie gewesen? Warum hatte sie beständig an den treuen Johannes gedacht? Was erwiederte der König? Warum willigte die Königin ein, ihre beiden Söhne zu opfern? Wo waren die Kinder und Johannes versteckt? Wem dankte der König für die Gnade?

18.

Die Neugierige.

Lustspiel in einem Aufzuge. Von Ida Kannegießer.

Personen:

Anna.

Agathe, ihre Schwester.

Otto, ihr Vetter.

Der Schauplatz stellt ein geschmackvoll eingerichtetes Wohnzimmer dar, mit zwei Fenstern, in denen kleine Nähtische stehen. Auf dem einen derselben liegt ein zusammengefalteter Brief, dessen Umschlag am Boden liegt. Rechts und links Thüren.

Erster Auftritt.

Agathe allein.

(Sie kommt so eben aus der Thür rechts und geht an den Nähtisch, auf welchem der Brief liegt.)

Wie kommt es, daß Anna noch nicht hier ist? Ich habe mich doch schon etwas länger als gewöhnlich aufgehalten,

7

an meine Arbeit zu gehen, weil ich den Brief von Laura beantworten mußte. Sie hat immer die besten Einfälle! Ich habe mich eine ganze Woche lang umsonst bemüht, etwas zu Anna's Geburtstagfeier zu ersinnen, und kaum sage ich es Laura, so weiß sie schon etwas. Ihr eine Komödie aufführen! Ein köstlicher Gedanke! Wie wird Anna überrascht werden! Den Brief muß ich aber gut verstecken, sonst liest sie ihn. Sie ist sonst so gut und hat so viel liebenswürdige Eigenschaften, aber leider ist sie schrecklich neugierig, besonders was Briefe anbelangt. Aber wo ist denn der Brief? (Sie nimmt ihn und betrachtet ihn verwundert.) Wo ist denn der Umschlag? Ich weiß doch ganz gewiß, daß ich den Brief wieder hineingesteckt habe! (Weinend.) So ist Anna doch schon hier gewesen und hat den Brief gefunden und gelesen. Ach Gott, so wird uns und ihr die Freude verdorben! Ich hatte es mir so schön gedacht.

Zweiter Auftritt.

Otto, hereinspringend. Agathe.

Otto. Guten Morgen, liebe Agathe!

Agathe. Guten Morgen, Otto, wo kommst Du denn schon so früh her?

Otto. Früh? Es ist ja eben elf Uhr, ich komme aus der Schule. Höre, Agathe, ich traf so eben Laura, die hat mir etwas von Theaterspielen gesagt, aber ganz flüchtig. Sie sagte, ich möchte mich nach dem Näheren bei Dir erkundigen. Ich darf doch mitspielen, allerliebste Agathe?

Agathe. Wir spielen nicht mehr.

Otto. Warum denn? das sollte mir leid thun. Ich denke, es soll zu Anna's Geburtstag?

107

Agathe. Ja wohl. Aber Anna weiß es, und da ist es doch mit der Überraschung vorbei. Und dann —

Otto. Sie weiß es? Wer hat es ihr denn gesagt?

Agathe. Niemand.

Otto. Mein Gott, so sprich doch, erzähle mir, wie hat sie es denn erfahren? Ach, jetzt geht mir ein Licht auf! Sie hat gewiß den Brief gelesen, den Dir Laura heute geschrieben hat. Nicht wahr, habe ich es nicht errathen?

Agathe. Ja denke Dir! Ach, Otto, Anna ist ganz unverbesserlich. Letzt, als sie den an die Mutter gerichteten Brief erbrach, hat sie so viel Schelte bekommen. Sie nahm es sich auch ernstlich vor, keinen Brief weder zu erbrechen, noch zu lesen, denn Vater machte sie nicht nur auf die Unschicklichkeit eines solchen Verfahrens aufmerksam, sondern er sagte ihr auch, daß es eine Art von geistigem Diebstahl sei, die Briefe eines Andern zu lesen, und daher eine Sünde.

Otto. Ein geistiger Diebstahl? Was meint denn Dein Vater damit?

Agathe. Ich glaube, er meint damit, daß man den Leuten ihre Geheimnisse wegstiehlt. Er sagte auch, daß manchmal große Leute sich solche Fehler zu Schulden kommen lassen. Denke Dir, Otto!

Otto. Die sind in ihrer Jugend gewiß nicht darauf aufmerksam gemacht worden.

Agathe. Freilich. Was mögen solche Leute nicht für Verdrießlichkeiten haben! Nein, ich möchte doch keinen fremden Brief heimlich lesen. Ich begreife auch gar nicht, wie es Anna thun kann.

Otto. Ich glaube, sie thut es aus bloßer Neugierde.

Agathe. Ach gewiß! Aus bösem Herzen thut sie es nicht, aber sie ist gar zu neugierig.

Otto. Was soll denn aber daraus werden, wenn sie sich gar nicht ändert?

Agathe. Ich weiß es nicht, aber still, ich glaube sie kommt.

Dritter Auftritt.

Die Vorigen. Anna.

Anna. Guten Tag, Otto! Schon aus der Schule?

Otto. Wie Du siehst. Aber wo bist Du denn gewesen? Ich bin schon eine ganze Weile hier.

Anna. Ich habe der Mutter in der Küche geholfen, ich muß auch gleich wieder hin. Ich wollte Dir nur sagen, Agathe, daß die Mutter wieder Briefe aus Breslau bekommen hat.

Agathe. Das ist schön. Mutter hat sie schon längst erwartet.

Anna. Es muß etwas ungeheuer Wichtiges darin stehen, Mutter hat sie gleich eingeschlossen.

Agathe. Das sollte man bei uns im Hause immer thun, damit nicht gewisse Leute in Versuchung kommen, sie zu lesen.

Anna. Ich werde gewiß nicht mehr von der Arbeit gehen, um Dir etwas Neues mitzutheilen, wenn Du mich dann zum Lohne ärgerst und kränkst. (Sie geht schnell ab.)

Vierter Auftritt.

Die Vorigen ohne Anna.

Agathe. Hast Du wohl gemerkt, Otto? Sie fühlt sich getroffen, sie hat meinen Brief gelesen, und hätte der Mutter ihre auch schon durchstudirt, wenn sie nicht eingeschlossen wären.

Otto. Höre einmal, Agathe, wir wollen versuchen, Anna'n den Fehler abzugewöhnen, und uns zugleich rächen für das vereitelte Vergnügen.

Agathe. Das Letztere wollen wir bleiben lassen, mein lieber Otto. Aber das Erste! — Laß doch hören, wie Du es anstellen willst?

Otto. Ich dächte, wir müßten sie durch ihre böse Neugierde einmal recht lächerlich machen; vielleicht schämt sie sich so, daß sie sich ernstlich vornimmt, den Fehler abzulegen.

Agathe. Nun ja, aber wie willst Du sie denn lächerlich machen?

Otto. O ich habe einen köstlichen Plan. Ich denke, wir schreiben einen recht kauderwelschen Brief, etwa in Laura's Namen an Dich, Agathe, den sie nicht lesen kann. Vielleicht plagt sie dann die Neugierde so sehr, daß sie mich um Rath bittet, ihn zu entziffern.

Agathe. Das thut sie nicht. Dazu ist sie viel zu klug. Wenn Du nichts Anderes weißt, wird nichts aus der Besserung.

Otto. Nein, etwas Anderes weiß ich nicht; aber ich dächte doch, wir versuchten es.

Agathe. Meinetwegen thu, was Du willst.

Otto. So will ich den Brief schreiben. Gib mir Papier und Dinte.

Agathe. Hier hast Du, was Du wünschest! Was wirst Du denn schreiben?

Otto. Es wird mir schon etwas einfallen.

Agathe. Während Du schreibst, werde ich zur Anna gehen, und sie unter einem Vorwande in die Stube schicken, Aber sage mir, Otto, wie wirst Du ihr denn Dein Gekritzel ausdeuten?

Otto. O dafür laß mich nur sorgen.

Agathe. Nun gut. Ich hoffe, Du wirst die Sache recht gut machen.

Fünfter Auftritt.

Otto allein. (Er schreibt.)

Nun, ich bin gleich fertig; noch die Unterschrift. Laura darf ich nicht darunter setzen, deren Hand kennt sie zu gut. Ach, ich werde irgend etwas recht Unverständliches darunter kritzeln, so quält sie sich noch dazu, den Namen zu enträthseln. Nun bist Du fertig, Briefchen! (Er legt ihn unter Agathens Sachen.) Ich hoffe, Anna wird an Dir zum letzten Mal die schöne Kunst üben, Anderer Briefe zu lesen. Halt, da kommt sie schon.

Sechster Auftritt.

Otto. Anna.

Anna. Noch hier, lieber Otto!

Otto. Ist es Dir unlieb?

Anna. Im Gegentheil. Aber da ich glaubte, Dein Besuch wäre nur für Agathe, so wundere ich mich, Dich nach ihrer Abwesenheit noch hier zu sehen.

Otto. Mein Besuch gilt Dir eben so sehr, mein schönes Mühmchen; aber da Du nicht hier warst, mußte ich wohl mit der Gesellschaft Deiner Schwester vorlieb nehmen.

Anna. Danke für die Artigkeit, mein schöner Herr. Aber jetzt ernsthaft, was hast Du denn mit meiner Schwester verhandelt?

Otto. Höchst unbedeutende Sachen. Wir sprachen von der Schule u. s. w.

Anna. Und von dem Brief, den Agathe heute von Laura bekommen hat?

111

Otto. Kann sein! Aber, mein Kind, von wem weißt Du denn, daß der Brief von Laura ist?

Anna (stotternd). Ich? Der Brief — ich denke nur so — von wem sollte es denn sein? —

Otto. So, so — Als ob ich oder Marie, meine Schwester, oder sonst eine andere Schulfreundin nicht auch Briefe schreiben könnten. Du hast ihn Dir gewiß sehr genau angesehen. —

Anna (keck). Ich habe die Aufschrift gelesen und Laura's Hand erkannt.

Otto. Du sagtest doch aber eben, Du glaubtest nur, er sei von Laura. Lassen wir aber die Sache ruhen, Du wirst ihn ja nicht gelesen haben, und da ist es am Ende gleich, aus welcher Ursache Du glaubst, daß er von Laura sei. So eben hat Agathe wieder einen Brief bekommen, er ist vielleicht auch von Laura.

Anna. Schon wieder einen Brief! Was die sich zu schreiben haben!

Otto. Du bist wohl neugierig?

Anna. Was Du Dir denkst! Mir ist es ziemlich gleich, was die für Geheimnisse haben.

Otto. Es sind gewiß rechte Kindereien, die sie sich schreiben, ich möchte sie gar nicht wissen.

Anna. Ich auch nicht. Ich möchte ihre Briefe nicht lesen, auch wenn ich es dürfte.

Otto. Da hast Du wirklich recht! Ich würde den verachten, der ihre Briefe läse, (mit einem Seitenblick auf Anna) besonders heimlich. Überhaupt fremde Briefe zu lesen, finde ich zu gemein; ich wenigstens bin zu stolz dazu. Was meinst Du, Anna?

Anna. Ja, gewiß.

Otto. Ja wahrlich, ich würde so einen recht von Herzen verachten. Aber, liebe Anna, ich muß jetzt gehen. Es ist schon zwölf Uhr.

Anna. Bleibst Du nicht heute bei uns zum Essen? Wir haben heute die köstlichste Mehlspeise von der Welt.

Otto. Du bist sehr gut. (bei Seite.) Mich reuet mein Spaß. Sie ist so gutmüthig. Nun vielleicht ist sie diesmal nicht neugierig.

Anna. Was meinst Du dazu?

Otto. Wenn es Deine Mutter erlaubt, eß' ich mit. Ich sage es nur zu Hause, und bin gleich wieder da. Nun lebe wohl!

Anna. Leb' wohl indessen! (Otto ab.)

Siebenter Auftritt.

Anna allein.

(Sie nimmt ein Nähzeug zur Hand.)

Schon wieder ein Brief! Ich weiß gar nicht, die Agathe bekommt so viele, ich gar keinen. Ich möchte wohl wissen, was darin steht. Ach Gott, was war das wieder für ein Gedanke? Mich hat es ja den ganzen Morgen beunruhigt, den ersten gelesen zu haben, und nun denke ich schon wieder daran, einen zweiten zu lesen. Ich will lieber gar nicht mehr an den dummen Brief denken! — Aber was soll ich denn recht denken? Otto sagt, es sei gemein, Anderer Briefe heimlich zu lesen, ich habe es mir auch schon oft gedacht, aber es liegt ein eigener Reiz in solch einem Briefe. Wo sie ihn nur haben mag? Ich möchte mir doch einmal die Aufschrift ansehen.

(Sie sucht und findet den Brief.)

Da ist er — Die Hand kenne ich gar nicht. Von

wem könnte der Brief wohl sein? Die Unterschrift werde ich mir wohl ansehen dürfen, ich brauche den Brief ja nicht zu lesen, ich mag ihn auch gar nicht lesen. Aber ich möchte gar zu gern wissen, von wem er ist. Die Unterschrift anzusehen, wird doch kein Verbrechen sein. Wenn nur Niemand käme! (Sie öffnet das Briefchen.) Den Namen kann ich nicht lesen! Wer das sein mag! Vielleicht errathe ich es, wenn ich den Brief lese. Aber das ist gemein, sagt Otto, es ist eine Sünde, sagt Vater, ein geistiger Diebstahl. Aber heute thue ich es ja nicht des Inhalts wegen, ich will nur aus dem Inhalte auf den Namen schließen.

(Sie liest't.)

Liebe Agathe,

Du verzeihst, wenn ich Dir heute etwas ganz besonders Wichtiges in unserer neuen Sprache schreibe, da ich Furcht habe, Deine liebe Schwester könnte den Brief zufällig lesen.

So, ihre liebe Schwester könnte ihn zufällig lesen. Nun bin ich so klug wie vorher und habe noch Ärger dazu, denn jetzt kömmt das unseligste Gekritzel, das ich je gesehen habe. Wenn mir nur das Jemand ausdeuten könnte. Otto kann es gewiß, der ist in solchen Sprachen bewandert. Der spricht, glaube ich, zwölf verschiedene. Wenn ich nur in aller Welt wüßte, wie ich es ihm mittheilen sollte. (Sie sinnet eine Weile nach.) Ah nun hab' ich es. Nun rasch die liebenswürdigen Schriftzüge abgeschrieben und dann — nun es wird sich schon machen lassen. (Sie setzt sich hin und schreibt den Brief bis auf die ersten Zeilen ab; dann faltet sie ihn wieder zusammen und legt ihn fort. Wenn sie eben damit fertig ist, tritt Otto ein.)

Achter Auftritt.

Anna. Otto.

Otto. Hier bin ich wieder. Marie läßt Dich grüßen, sie wird Euch Nachmittag besuchen.

Anna. Du hätteſt ſie gleich mitbringen ſollen, es wäre wohl noch Mehlſpeiſe für ſie da geweſen. Ich habe nur nicht daran gedacht, ſonſt hätte ich es Dir gewiß aufgetragen, Marien mitzubringen. Nun denn ein andermal, Du kannſt doch nicht noch einmal hingehen, guter Otto!

Otto. Bei uns zu Hauſe eſſen ſie auch ſchon.

Anna. Du biſt wohl auch ſchon hungrig? Nun warte nur ein kleines Weilchen, dann geht es auch zu Tiſche. Ich habe ſo noch etwas mit Dir zu beſprechen.

Otto. Was wäre denn das?

Anna. Du kannſt ja wohl ſoviel Sprachen ſprechen, ich meine ſolche, die ſich die Schulkinder ſelbſt erdacht haben.

Otto. O ja. Willſt Du eine lernen. Etwa die, icherſich, du duerfu, oder icherleſicherle oder —

Anna. O ich ſehe, Du biſt ſehr gelehrt.

Otto. Haſt Du daran gezweifelt?

Anna. Gewiß nicht und ich hoffe, Du wirſt mir bei Deiner Gelehrſamkeit zu Hülfe kommen, etwas zu enträthſeln.

Otto. Was denn? (bei Seite) So ſollte ſie wirklich den Brief meinen? Das wäre ein ſchneller Sieg.

Anna. Ich habe hier ein paar Zeilen abgeſchrieben, ich konnte es nicht leſen, vielleicht verſtehſt Du es.

Otto. Woher haſt Du es denn? Laß doch ſehen.

Anna. Aus meinem Buche; aber Du mußt es keinem ſagen, daß ich es Dir gezeigt habe.

Otto. Nun laß doch ſehen.

Anna. Hier iſt es. (Sie giebt ihm das Blättchen.) Nun?!

Otto. (bei Seite.) Richtig, es ist dasselbe. (zu Anna.) Das ist keine von den Sprechweisen, die ich kenne. Es kommt mir beinahe wie hebräisch vor.

Anna. Das ist es gewiß nicht.

Otto. Woher weißt Du denn das so gewiß?

Anna. Ganz gewiß weiß ich es freilich nicht, aber ich denke nur, daß es eine andre Sprache ist.

Otto. Nun, wenn es nicht hebräisch ist, so ist es vielleicht gar die alte indische Sprache, von der uns heute unser Lehrer erzählte, sie heißt Sanskrit.

Anna. Ach, ich dächte gar.

Otto. Ganz gewiß! Und wenn Du willst, frage ich unsern Lehrer einmal danach.

Anna. Gott bewahre! Ich weiß es recht gut, daß es keine ordentliche Sprache ist. Du kennst sie gewiß, Du willst es mir aber nicht sagen.

Otto. Wenn ich es wüßte, sagte ich es Dir gar zu gerne.

Neunter Auftritt.

Die Vorigen. Agathe.

Agathe. Zum Essen, zum Essen, meine Herren und Damen! Die Suppe wird gleich aufgegeben.

Otto. Noch einen Augenblick, Agathe. (Zu Anna, die Otto'n verschiedene Male zuwinkt, zu schweigen.) Vielleicht kann uns Agathe Dein geheimnißvolles Blatt enträthseln.

Agathe. Was habt Ihr denn vor?

Anna. Ach nichts, nichts.

Otto. Ei, Agathe'n können wir es wohl mittheilen.

Agathe. Aber, mein Gott, was habt ihr denn? Anna, Du wirst ja ganz blaß.

Otto. Was ist Dir, Anna?

Agathe. Zeig' doch das Blatt her, was wird es denn sein? (Otto giebt ihr den Brief. Anna fängt an zu weinen). Das ist ja aus meinem Brief. Anna, Anna, Du hast es daraus abgeschrieben. Aber zu welchem Zwecke?

Otto (laut lachend.) Ich habe das Mäuschen über= listet. Weil sie es nicht selber lesen konnte, wollte sie sich so lange mit der Abschrift herumtragen, bis ihr jemand die erklärt hat.

Agathe. Ist es möglich, Anna? Und das aus Neugier! Gott, zu welchem Vergehen reißt die Neugier hin!

Anna

(ihrer Schwester um den Hals fallend).

Agathe, liebe Agathe, wirst Du mir verzeihen, willst Du mich nicht ganz verachten? Gewiß, in meinem ganzen Leben werde ich mich dieses abscheulichen Fehlers nicht wieder schuldig machen. Gewiß, gewiß. Ich schäme mich gar zu sehr, ich mag euch gar nicht ansehen.

Agathe (sie zärtlich küssend). O, nun laß es gut sein, liebe Anna! Wenn Du es Dir recht ernstlich vor= nimmst, die Briefe Anderer heilig zu achten und den guten Vorsatz ausführst, so laß Dich diesen kleinen Schmerz und diese Beschämung nicht gereuen, sie erspart Dir gewiß gro= ßen Ärger und größere Beschämung, die Du erleiden müß= test, wenn Du Deinen Fehler behieltest. Es braucht ja auch Niemand zu wissen, was hier vorgefallen ist, nicht wahr Otto?

Otto. Gewiß! Und nach dem Essen geben wir Anna völlige Aufklärung über den Brief.

Anna. Ich danke Dir, lieber Otto. Ich errathe beinahe, was er enthält und auch wer der Verfasser ist.

Ich erkenne mehr als je, daß Ihr es herzlich gut mit mir meint. O, möchte es Allen gelingen, ihre Geschwister und Freunde auf eine so leichte und gute Art auf ihre Fehler aufmerksam zu machen, wie Ihr es gethan.

Agathe. Nun es ist ja alles gut. Aber jetzt zum Essen, die Eltern warten gewiß schon.

(Alle ab.)

19.
Der Mittag auf dem Königssee.
Von Friedrich Jacobs.

Nicht weit von Berchtesgaden in den Salzburger Alpen liegt der Königssee. Schroffe Felsenwände umgeben ihn, am Fuße mit Tannen besetzt, die schwindelnden Höhen mit Wolken gekrönt. Zwischen ihnen breitet der See eine dunkelgrüne Ebene aus, und nimmt in seinem Spiegel das Bild der gewaltigen Umgebungen auf, an denen hier und da zarte Bäche niederrauschen. Nur an wenigen Stellen schließen sich diese ewigen Mauern auf, und gönnen den Blicken, in rasenbekleidete Schluchten einzudringen. In der Mitte des Sees liegt ein kleines Eiland und auf diesem eine Kapelle, dem heiligen Bartholomäus geweiht, und ein Jagdschloß, alles mit schattigen Bäumen umgeben, so daß das Ganze einem Haine gleicht.

Als ich diesen See an einem heitern und klaren Herbsttage mit einigen Freunden befuhr, sahen wir hoch über uns von der rechten Seite her einen Lämmergeier nach dem entgegengesetzten Ufer ziehn. Indem er mit stillem Fluge, einem Schwimmenden gleich, die blaue Luft durchschnitt, selten nur und schwach die gewaltigen Flügel regend, feuerten wir eine Flinte ab. Mit vielfältiger Wiederholung hallte der

118

Knall von allen Seiten wieder: der Geier schrak heftig zu=
sammen, drehte sich, die weit ausgespannten Fittige stärker
schlagend, um sich selbst herum, stieg dann fast pfeilgerade
in die Höhe, und entschwebte, kaum noch sichtbar, mit ra=
scherem, aber immer gehaltenem Fluge unserm Gesichtskreise.
Da erzählten uns die Schiffer, daß diese Thiere wohl bis=
weilen zur Brütezeit kleine unbewachte Kinder geraubt hät=
ten, um sie ihren Jungen zu bringen; auch sehe man sie bis=
weilen mit einem Zicklein oder Lamm über den See hinzie=
hen, wo es dann wohl geschehe, weil sie, von ihrer Last
beschwert, nicht hoch genug aufsteigen könnten, daß die Ku=
geln der Jäger sie erreichten, und von solchen wären die
Bilder auf dem Jagdschlosse zu sehen.   Auch erzählten sie,
ein dreister Hirtenknabe habe einsmals versucht, ein Felsen=
horn zu erklimmen, auf dem ein solcher Geier horstete. Er
habe auch das Nest erreicht und hineingesehen, und zwei junge
Geier hätten darin gesessen, und Ätzung erwartend die Schnä=
bel weit aufgerissen.   Einen davon habe er ergriffen, und
dieser habe ein durchdringendes Geschrei ausgestoßen. In
diesem Augenblicke vernahm er auch von fern das antwor=
tende Schreien der Eltern, die ihren Jungen zu Hilfe eilten;
und kaum hatte er Zeit gehabt, an der steilen Felsenwand
hinabzugleiten, als er die ergrimmten Thiere schon über sich
sah. Sie würden ihn zerrissen haben, hätte er sich nicht in
unbeschreiblicher Angst in eine der Halden gestürzt, welche
Winter und Sommer mit Schnee angefüllt sind.   Schnell
vergrub er sich in den Schnee, so tief er nur konnte, und
lag und lauschte in seiner Verborgenheit.   Die Gefahr ging
vorüber.   Lange aber hörte er noch das Geschrei der furcht=
baren Thiere und ihren zürnenden Flügelschlag, als sie, gleichsam
unwillig über verfehlte Rache, zu ihrem Felsenneste zurückkehrten.

Unter diesen Erzählungen kamen wir an der Insel an.
Vor uns waren schon mehrere Reisende gelandet, die, unter
den Bäumen lustwandelnd oder im Schatten lagernd, die
Mittagszeit erwarteten; und es dauerte nicht lange, als uns
die Tischglocke des Kellners zur Mahlzeit rief. Die Tafel
war in einem Zimmer gedeckt, in welchem die lebensgroßen
Bilder, von denen die Schiffer gesagt hatten, an den Wän=
den hingen. Diese Bilder führten ganz natürlich wieder man=
cherlei Erzählungen herbei, in denen sich, wie es zu geschehen
pflegt, Wahrheit und Dichtung mischte, die aber insgesammt
mehr oder weniger einen Anstrich hatten, der mit dem Cha=
rakter der großartigen und wunderbaren Natur dieser Gegend
im Einklang war.

Alles hier, sagte einer der Reisenden, ist gewaltig, un=
geheuer und kühn, nur der Mensch ist wie überall. — Mit
Nichten, entgegnete ein Schweizer, auch die Menschen in
unsern Alpen sind wie die Natur. Zwar nicht eben größer
an Wuchs, aber stärker, ausdauernder und vor allen Din=
gen herzhafter und kühner, als anderswo. Der Hirt, wenn
er Monate lang auf seiner einsamen Alpe wohnt, kennt keine
Furcht. Am Tage verfolgt er die dreisten, irrenden Ziegen
über die schroffen Felsen hin, wo ihn auf allen Seiten uner=
meßliche Abgründe zu verschlingen drohen, oder sammelt, über
der Tiefe hängend, aus den Spalten der Felsenwände sein
dürftiges Heu: bei Nacht aber, wenn er auf seinem Lager
von dürrem Laube schläft, weckt ihn bald der Donner der
Lawinen, bald der Gewitterschläge, die in den Gebirgen ganz
anders rasen, als auf euern Haiden und Blachfeldern. Und
nun gar der Alpenjäger! der kennt die Furcht kaum dem
Namen nach, ja er liebt die Gefahr, und sucht sie begieriger
auf, als der Landbewohner den ausgesuchtesten Genuß be=

quemer Üppigkeit. Daß er der strengsten Kälte und jedem
Ungestüm der Witterung trotzt, oft ganze Nächte unter freiem
Himmel auf schroffen Klippen zubringen muß, will ich gar
nicht in Anschlag bringen; wie oft aber muß er, um eine
einzelne Gemse zum Schuß zu bekommen, auf den schmalsten
Fußsteigen heranschleichen, wo auf der einen Seite der schroffe
Fels wie eine Mauer aufsteigt, auf der andern der Abgrund
sich öffnet, und das vielleicht über frischem Schnee weg, der
ihm unter den Füßen zerrinnt. Wie oft muß er auf solchen
Wegen lange Strecken hin auf Händen und Füßen kriechen,
um endlich der gehofften Beute Herr zu werden. Und nun,
mit einer Last von oft sechzig bis siebzig Pfund auf dem
Rücken, dazu noch Büchse, Ranzen und anderes Zubehör,
muß er den schroffen schlüpfrigen Pfad mit noch größerer
Gefahr hinabsteigen, und wenn er endlich sich und alles in
Sicherheit gebracht hat, so sind wenige Gulden der Preis
seiner Anstrengungen, ein Preis, den er auf andere Weise
ohne Gefahr und mit geringerer Mühe hätte gewinnen können. Aber eben die Gefahr ist es, die ihn reizt; er würde
die Beute verschmähen, wenn er sie nicht eben auf diese
Art erobern müßte. Er weiß, daß sein Leben auf dem
Spiele steht, er weiß, daß gar oft das geängstete Thier,
wenn es keinen Ausweg sieht, sich mit größter Gewalt seinem Verfolger entgegenwirft und ihn in den Abgrund stürzt,
er weiß, daß kein Jahr ohne solche Unfälle, Unfälle der
schrecklichsten Art, vergeht; und dennoch kühlt das alles seinen Eifer nicht ab. Es ist also gewiß, daß diese großartige
und erhabene Natur auch auf die Menschen einwirkt, und ihnen einen Charakter aufdrückt, der ihrer eigenen Beschaffen-
heit angemessen ist.

Allerdings, sagte ein eifriger Naturforscher, wo die Ge-

fahr eine gewöhnliche Erscheinung ist, ist es auch der Muth.
Auf meinen Reisen durch Nordamerika bin ich in Gegenden
gekommen, wo die auf unermeßlichen Strecken dünn zerstreu=
ten Bewohner keine Nacht vor den Besuchen von Wölfen,
Bären und andern reißenden Thieren sicher waren. Sie hiel=
ten daher immer Feuer vor ihren Hütten, und auch das
reichte nicht immer hin, die hungrigen Gäste abzuhalten.
Es ist aber auch unglaublich, mit welcher Kühnheit die Ein=
wohner jener Gegenden ihre Feinde bekämpfen, und ebenso
wie eure Gemsenjäger um geringen Gewinnes willen ihr Le=
ben aufs Spiel setzen. Ich kam einsmals auf meinen bota=
nischen Wanderungen in den blauen Bergen gegen Abend in
ein einsames Haus, um mir ein Nachtlager auszubitten.
Die Gastfreiheit ist bei diesen Einsiedlern zu Hause, wie bei
allen Bergbewohnern, und dort vielleicht um desto mehr, je
seltener die Gelegenheit zu ihrer Ausübung kommt. Beim
Eintritte in das Haus, war das erste, was mir in die Au=
gen fiel, ein Bärenfell von ungewöhnlichem Maße, das erst
vor kurzem abgezogen schien. Auf der Hausflur waren ei=
nige Frauen beschäftigt, Fleisch einzusalzen und in Tonnen
zu legen, wobei ihnen ein eilfjähriger Knabe hilfreiche Hand
leistete. An den Wänden hingen Fischnetze und mancherlei
Gewehre umher, und an der Decke war ein ausgestopfter
Adler schwebend aufgehangen. Meine Bitte um ein Obdach
wurde freundlich aufgenommen. Der schwarzäugige Knabe
öffnete mir das Wohnzimmer, wo der Vater auf einem Lehn=
stuhle saß und mich willkommen hieß, zugleich aber um Ver=
zeihung bat, daß er mir nicht entgegenkomme. „Ich bin
seit einigen Tagen invalid,“ fuhr er fort, „aber mein Sohn
wird die Pflichten erfüllen, die mir obliegen würden. Billy,
rücke dem Herrn einen Lehnstuhl ans Kamin.“

8

In Kurzem war ich einheimisch hier. Ein Mädchen reichte mir Thee und der Knabe röstete ein Brotschnittchen am Kaminfeuer. Bald war auch ein Gespräch im Gange. Da erfuhr ich denn aus dem Munde meines Wirthes als Ursache seiner Lähmung folgende Geschichte. „Vorige Woche," sagte er, „ging ich mit meiner Flinte auf die Entenjagd. Auf dem Heimwege — die Sonne stand schon am Rande der Berge — sah ich einen Bären von ungewöhnlicher Größe ganz wohlgemuth vor mir hertraben. Ich hatte noch einen Schuß in meiner Flinte, und da die Entfernung nicht groß war, feuerte ich sie auf den Bären ab. Dieser stürzte zu Boden, raffte sich aber unverzüglich wieder auf, und lief spornstreichs einer Felsenschlucht zu, die sein gewöhnlicher Aufenthalt nicht sein mochte. Ihn dahin zu verfolgen, war jetzt zu spät, auch fehlte es mir an Waffen; denn Pulver und Blei hatte ich weiter nicht bei mir. Ich dachte aber: Du entgehst mir nicht! Eine gute Lection hast du schon, und morgen ist auch ein Tag. Ein Bär ist eine gute Beute, wenn er todt ist. Man kann nicht bloß sein Fell brauchen, auch sein Fett ist zu mancherlei Dingen gut — wie gleich jetzt bei mir zum Einreiben — und seine Schinken sind geräuchert ein treffliches Gericht. Daß mir diese Beute zufallen würde, zweifelte ich nicht. Ich hatte bemerkt, daß er Blut verloren hatte, und so konnte ich hoffen, er werde bis zum Morgen entweder den Geist aufgegeben haben, oder doch hinlänglich geschwächt sein. Ich dachte die ganze Nacht an meinen Bären, und der Tag war kaum angebrochen, als ich mich auf den Weg begab. Die Flinte ließ ich zu Hause, sie war mir unnütz; denn beim Nachsuchen fand sich, daß auch im Hause kein Körnchen Schießpulver war, und in der Nähe liegt kein Ort, wo ich welches hätte bekommen können.

Dafür bewaffnete ich mich mit einer Heugabel und einem Beil. Das Beil gab ich meinem Jungen zu tragen; denn der ließ mir keine Ruh, ich mußte ihn mitnehmen, und im Grunde ist es auch gut, wenn so ein Junge frühzeitig etwas sieht. Wir kamen bald an die Stelle, wo ich am Abend nach dem Bären geschossen hatte. Der Platz war mit Blut bedeckt, und eine starke Spur führte ohne Fehl zu der Schlucht, in die sich das Thier gerettet hatte. Diese Schlucht senkt sich auf der einen Seite schroff und steil, auf der andern bequem hinab. In der Tiefe braust ein Waldbach durch abgerissene Felsenstücke und überhängendes Gebüsch; und hier, etwas hinaufwärts, an der schroffen Seite, wurde ich unter einer grauen Wacke, die wie ein Dach weit hervortrat, meines Bären gewahr, der halb vom Buschwerk versteckt den Kopf schlaff nach der Erde senkte. Er macht sein Testament, sagte Billy. Nun, antwortete ich, wir wollen ihm helfen, und ich will die Erbschaft in Empfang nehmen. Mit diesen Wor=ten stieg ich den Abhang hinab, schritt auf den Stein über das Wasser, und näherte mich dem Feinde mit der vollkom=mensten Zuversicht. Der Bär regte sich nicht. Schon war ich ihm so nah, daß ich die Heugabel fällen konnte, um ihm den Todesstoß zu versetzen; aber in demselben Augenblicke sprang er auf, umfaßte mich mit beiden Tatzen, und warf sich in dieser Umarmung mit mir den Berg hinab in den brausenden Waldbach. Unterwegs verlor er seine Zeit auch nicht, sondern biß zu, wohin er kam, und drückte mich mit solcher Gewalt an sich, daß mir der Athem verging. Billy schrie von oben herab wie wahnsinnig, aber was half das? Der Bär fürchtete sich vor ihm so wenig, als vor mir, und ich wäre verloren gewesen, wäre mir nicht die Geschichte von einem alten englischen Könige eingefallen, der einem Löwen

8 *

im Kampfe die Faust in den Rachen gestoßen hat. Ich that
desgleichen. Mit der einen Hand fuhr ich dem Unthier in
den Hals, und während wir uns in dem Wasser umherwälz=
ten, gelang es mir, mit der andern Hand den Kopf des
ermatteten Feindes unter das Wasser zu drücken. In dem=
selben Augenblicke kam Billy mit seinem Beile von oben her=
unter, und versetzte dem Bären einen solchen Schlag auf
den Schädel, daß ihm der Rest des Athems ausging. Der
Junge führt einen guten Hieb," setzte der Erzählende mit in=
nerlicher Freude über den Muth seines Knaben hinzu. „Ich
war übel zugerichtet, das ist wahr, und ich werde wohl noch
eine Weile an meinen Wunden zu heilen haben. Das ist
aber nicht das Schlimmste. Beim Sturze von der Höhe
hab ich mir die linke Hüfte beschädigt; ich bin seitdem nicht
bloß lahm, sondern leide auch bei der geringsten Bewegung
die heftigsten Schmerzen. Ich will daran denken, wie müh=
sam ich mich nach Hause schleppte; aber ich hatte doch meine
Absicht erreicht, und keinen schlechten Fang gemacht. Kaum
haben ihn zwei starke Männer hereinschaffen können. Er
wog über vierhundert Pfund, und an dem Felle können sie
sehen, daß es kein alltäglicher Bär war."

Das war freilich ein wunderlicher Kampf, sagte ein
Kaufmann aus Ungarn; aber Noth macht stark und bricht,
wie das Sprichwort sagt, auch wohl Eisen, und hier galt
es das Leben. Etwas Ähnliches, in seiner Art aber noch
Außerordentlicheres trug sich im vorigen Jahre in meiner Hei=
mat, in der Nachbarschaft von Bistritz, zu. Das Land ist
gebirgig, die Einwohner arm; an Übung in Gefahren fehlt
es aber auch dort nicht. Nun wohnte nicht weit von der
Stadt eine arme Wittwe auf dem Dorfe; diese Frau war
krank, und da es im Hause an Holz mangelte, schickte sie

ihre beiden Knaben mit einem Schlitten hinaus in den Busch.
Von diesen Knaben war der älteste noch nicht volle zwölf,
der andere erst acht Jahr alt. Wie sie mit ihrem Schlitten
an der Kirche vorüber kamen, sagte der jüngere: „Janko,
mir ist wunderlich zu Muthe. Es ist mir, als müßte uns
ein Unglück begegnen. Laß uns erst in die Kirche gehen."
Der ältere antwortete: „Ich bin auch dabei. Mir hat auch
diese Nacht wunderliches Zeug geträumt; ich weiß es aber
nicht deutlich mehr, nur daß ich blutete." Sie ließen also
ihren Schlitten an der Kirchthüre stehen, gingen hinein und
beteten. Dann fuhren sie weiter und waren recht wohlge=
muth, ob sie gleich einmal über das andere tief in den Schnee
fielen, und dürres Holz fanden sie auch in Überfluß. Und
schon waren sie beschäftigt, es auf dem Schlitten zusammen=
zulegen und fest zu binden, als sie in der Ferne zwei Wölfe
erblickten, die in gerader Richtung auf sie zuliefen. Ihnen
zu entrinnen, war unmöglich; ein Baum, auf den sie sich
hätten retten können, war nicht in der Nähe, denn rings
umher war nur Buschholz, und was hätte ihnen auch der
höchste Baum geholfen? Die Wölfe hätten dabei Wache ge=
halten, und sie hätten verhungern müssen. Was thun sie
also in dieser Noth? Der ältere, ein entschlossener Knabe,
deckt den kleinern mit dem Schlitten zu, wirft so viel Holz
darauf, als er kann, und ruft ihm zu: „Bete, aber rühr
dich nicht. Ich habe Muth." — „Ach mein Gott," sagte
der Kleine weinend, „wenn wir umkämen, die Mutter stürbe
vor Gram." Der eine Knabe stak also unter dem Schlitten
und dem dürren Holze; der größere aber stellt sich mit der
Axt in Positur, und wie der eine Wolf, der am hitzigsten
vorausgelaufen ist, herankommt, versetzt er ihm einen Hieb
in den Nacken, daß er zu Boden fällt. In diesem Augen=

blicke packt ihn der andere Wolf am Arm und wirft ihn zu
Boden. Hier faßt er nun in krankhafter Angst das Unthier
mit beiden Händen an der Kehle und hält den weit geöffne=
ten Rachen von sich ab, ohne doch zu schreien, um das Le=
ben seines Bruders nicht in Gefahr zu bringen. Diesen aber
ergreift in seinem Versteck eine unbeschreibliche Angst. Er
wirft den Schlitten und das Holz von sich, rafft die zur
Erde gefallene Art auf, und versetzt dem Wolfe einige Hiebe
auf den Rücken. Dieser wendet sich nun gegen den neuen
Feind, und er würde ihn ohne Zweifel zerrissen haben, hätte
sich der andere nicht blitzschnell aufgerafft, und die Art dem
Wolfe in den Kopf geschlagen. So waren also zwei schwache
Knaben durch Gottes Hilfe und ihren Muth Herren von zwei
furchtbaren Raubthieren geworden, ohne selbst eine gefährliche
Wunde bekommen zu haben. Verwundert sahen sie sich jetzt
einer den andern an, dann die Thiere, die mit offnem Ra=
chen todt auf dem Rücken lagen, und staunten über das furcht=
bare Gebiß und die gewaltigen Zähne, die sie hatten zermal=
men sollen. Dann knieten sie nieder, kreuzten sich und bete=
ten; und nachdem sie Gott für ihre wunderbare Rettung ge=
dankt hatten, kamen sie jubelnd mit ihrem Holze und den
beiden erlegten Wölfen auf dem Schlitten nach Hause. Ich
habe selbst in Bistriz die Knaben gesehen, wie sie mit den
Wölfen durch die Straße zogen, ihre Geschichte erzählten
und von der ganzen Stadt bewundert und geliebkost und be=
schenkt wurden. Ich kann nicht daran denken, ohne daß mir
Thränen in die Augen kommen. Es waren gar zu hübsche,
liebe, fromme Knaben."

Diese Geschichte, die mit Theilnahme gehört worden
war, führte noch einige andere Erzählungen verwandter Art
herbei, die alle bald mehr bald weniger bewiesen, daß der

127

Mensch, so wehr= und waffenlos er ist, doch durch Klugheit,
Muth und Entschlossenheit Herr der Schöpfung wird. Während
dieser Zeit sah der Botaniker wie in Gedanken versunken still
vor sich hin; als aber eine Pause eintrat, erhub er seine
Blicke wieder und erzählte folgende Geschichte.

„Nachdem ich das nördliche Amerika nach allen Rich=
tungen durchstreift und auch Haiti besucht hatte, schiffte ich mich
mit einer reichen Ernte von Pflanzen in Port au Prince nach
Frankreich ein. Unser Schiff war zum Theil mit irländischen
Matrosen bemannt, unter denen sich vornehmlich die beiden
Beckner, Vater und Sohn, auszeichneten. Der Vater galt
für den besten Matrosen in der englischen Marine, und der
Sohn, obgleich erst ein Knabe von zwölf Jahren, gab dem
Vater nur wenig nach. Groß und stark über seine Jahre,
leuchtete aus seinem von Sonne und Wetter gebräunten Ge=
sichte zugleich der Muth eines Mannes, eine kindliche Gut=
müthigkeit und jener unbesiegliche Frohsinn, der den Irländer
so vorzüglich auszeichnet. Auch war er der Liebling Aller, die
auf dem Schiffe waren. Wenn wir ihm bei seinem Geschäfte
zusahn und uns über die Gewandtheit freuten, mit der er
auch das Schwerste so leicht hin verrichtete, als ob es nichts
wäre, und alles beachtete, ob er sich gleich um nichts zu be=
kümmern schien, dann pflegte der Vater wohl zu sagen: Ists
ein Wunder? Ein guter Irländer ist von Mutterleibe an
auch ein guter Seemann, und mein Volney hat das See=
wasser gekostet, eh er Vater sagen konnte. Sobald er von
der Muttermilch entwöhnt war, ließ ich ihn nicht aus den
Augen. Ich nahm ihn überall mit, und wenn ich ihn aus
dem Kahn ins Wasser warf, war es ihm ein Spaß und er
lachte mich an, und wie er kaum zwei Jahre alt war, konnte
er schwimmen wie ein Fisch. Zwei Jahre später versprach

ich ihm einmal, er sollte mit hinüber nach England fahren,
nahm aber mein Versprechen zurück, weil er eine Dummheit
gemacht und eine Strafe verdient hatte. Er war außer sich
und ich mußte ihn einsperren. Was that der Junge? Er
springt zum Fenster hinaus, läuft ans Ufer und stürzt sich
ins Wasser; und wie ich so an der Leiter hänge, und das
Bramsegel einreffe, kommt etwas hinten nachgeschwommen,
und da ich hinsehe, wer solls sein als mein Volney, der,
wie er mich ansichtig wird, die linke Hand hoch in die Höhe
hebt, und lacht. In wenigen Minuten war er am Schiff
und wurde am Tau heraufgezogen, und alle unsre Leute wa=
ren wie närrisch vor Freuden über den Jungen, und herzten
und küßten ihn; und da ich ihm drohte, lachten sie mich aus
und schrien, er stünde unter dem Schutze seiner großbritan=
nischen Majestät und dem ihrigen.   Da that ich ihm denn
auch nichts.   So war der Junge im vierten Jahre; im zehn=
ten war er ein tüchtiger Schiffsjunge, und jetzt, wo er zwölf
Jahre alt ist, arbeitet er für zwei und wird auch für zwei
bezahlt.

Wenn der Alte so sprach, strahlten seine Augen und
sein ganzes Gesicht leuchtete vor Freude, und er konnte kaum
das Ende seiner Erzählungen finden, und wir hörten ihm
alle gern zu, weil er ein so treuherziger Mann war. Nun
war unter den Reisegefährten ein französischer Kaufmann, der
seine Frau vor Kurzem in Neu=Orleans verloren hatte, und
jetzt nach Bordeaux reiste, um das Kind, das sie ihm hin=
terlassen hatte, zu seinen Schwiegereltern zu bringen. Dieses
Kind, ein Mädchen von fünf Jahren, dem man das fran=
zösische Blut in jeder Bewegung ansah, entwischt eines
Morgens seiner schlummernden Wärterin und steigt auf das
Verdeck, wahrscheinlich um den alten Beckner aufzusuchen,

der sich viel mit dem Kinde abgab und ihm mancherlei Zeit=
vertreib machte. Da dieser nun nicht gleich bei der Hand
war, wagte es sich zu weit an den Rand hin, und indem
es neugierig in die Tiefe blickt, wird es vom Schwindel er=
griffen und fällt hinab. Die Wärterin, die dem Kinde nach=
geeilt ist, sieht es fallen; auf ihr Angstgeschrei kommt Beck=
ner herbei, stürzt sich in das Meer, ergreift das Kind, das
durch die lockere Bekleidung noch über dem Wasser gehalten
wird, und indem er es mit der linken Hand fest hält, ru=
dert er mit der rechten dem Schiffe nach, und schon war er
ziemlich nah, als er einen lauten Schrei ausstieß, der uns
alle mit Entsetzen erfüllte. Niemand wußte gleich die Ursache,
aber indem wir der Richtung seiner Augen folgten, erblickten
wir einen Haifisch, der die Flut mit unglaublicher Schnellig=
keit durchschnitt und in wenigen Augenblicken den Schwim=
menden erreichen mußte. Alles gerieth in Bewegung, einer
lief gegen den andern, die einen schrieen, um das Thier zu
schrecken, andere warfen nach ihm, was ihnen in die Hände
kam, Flinten wurden abgefeuert und Kanonenschläge losge=
lassen. Umsonst. Der Lärm, die Angst war allgemein; des
Vaters Zustand aber ist nicht zu beschreiben. Ungeschreckt
verfolgte das Unthier seinen Weg, und nur noch wenige Lach=
tern entfernt, schien es seiner Beute schon gewiß zu sein. Jeder
erwartete das Entsetzlichste. In diesem Augenblicke kam Vol=
ney Beckner seinem Vater zu Hilfe. Einen Hirschfänger in
der Hand, den er in der Cajüte des Capitäns gefunden
hatte, stürzte er auf das Verdeck, warf sich kopfwärts in
das Meer, tauchte unter, und begann einen Kampf mit dem
Ungeheuer des Abgrunds. Bald färbte dieses mit seinem
Blute das Meer, und während es sich nach dem neuen Feind
hinkehrt, der ihm so unerwartet den Weg verlegt, wird dem

ältern Beckner vom Schiffe herab ein Tau zugeworfen. Er
greift darnach; zweimal entschlüpft es bei dem Schwanken
der Wellen seiner Hand, endlich hält er sich fest und wird
mit dem Kind auf dem Arme hinaufgezogen. Während die=
ser Zeit hat ihm Volney den Rücken frei gehalten, abwechselnd
bemüht, sich den Angriffen des Thiers zu entziehen und ihm
Wunden beizubringen. Es war ein Kampf der Gewandtheit
und der rohen Kraft, wie man wohl nicht leicht wieder sehen
wird. Aus vielen Wunden strömte dem Ungeheuer das Blut;
aber keine dieser Wunden war tödtlich, und den unerschrockenen
Kämpfer verließ die Kraft. Er muß eilig auf dem Schiffe
Rettung suchen, er greift nach einem herabhängenden Tau, und
während der alte Beckner über den Bord steigt, das Kind dem
Vater zureicht, und dieser bald das Kind, bald seinen Retter
umarmt, schwingt sich auch Volney an dem schwankenden
Tau in die Höhe. Noch einen Augenblick, und er war in
Sicherheit. Es sollte nicht sein. Das Raubthier, über und
über mit seinem Blute bedeckt, wüthend, daß seine Beute
ihm zu entfliehen droht, sammelt alle seine Kräfte, schwingt
sich auf, erfaßt — es ist entsetzlich zu sagen — erfaßt den
Unglücklichen in der Mitte des Leibes, reißt ihn von einan=
der, und verschlingt vor unsern Augen die erbeutete Hälfte.
Ein Schrei des Entsetzens und der Wuth drang aus jedem
Munde. Sprachlos stand Beckner da, seine Züge verzerrten
sich und er sank bewußtlos zu Boden. Mit Mühe ins Le=
ben zurückgerufen, sagt er scheinbar ruhig: Wo ist Volney?
dann, als besänn er sich, stieß er ein Jammergeschrei aus,
das uns durch die Seele ging. Der Kaufmann wich nicht
von seiner Seite und leistete ihm jede Hilfe, welche die Um=
stände forderten; und wenn die Ausbrüche der wilden Ver=
zweiflung zu ruhen schienen, versuchte er von seiner Dankbar=

keit zu sprechen und von Belohnungen. Da sah ihn der Arme mit einer Miene an, in der sich der grimmige Schmerz und die gewohnte Gutmüthigkeit wunderbar mischte, und sagte: Ich danke euch für eure gute Meinung, redet aber nicht von Belohnung. Euer Kind hab ich gerettet, weil es eben ein hilfloses Kind war; es ist mir lieb, es euch erhalten zu haben. Nun aber mein Volney dahin ist, die Freude und der Stolz meines Lebens, sind mir alle Schätze der Welt nichts, gar nichts. Es ist aus mit mir. Nach diesen Worten fing er von Neuem an zu jammern, und heiße Thränen strömten über seine Wangen, die ersten vielleicht, die er je vergossen. Dann stand er auf und ging schweigend an sein gewohntes Geschäft.

Während dieß auf dem Verdecke geschah, umschwamm das gräßliche Raubthier, unsrer Wuth spottend, zwei- und dreimal das Schiff, dann wandte es sich nach der offnen See, und lange noch sahen wir, als es die Flut langsam durchschnitt, die purpurne Furche, die es hinter sich herzog, bis es sich in die blaue Ferne verloren hatte."

19.

Ein Abenteuer.

Lord Pellham, welcher ein Landgut in der Nähe von London bewohnte, ging eines Tages nach Hause zurück. Plötzlich tritt ein schlecht gekleideter Mensch vor ihn hin, welcher einen Korb unter dem Arme trug. Mylord, sprach er, wollen Sie nicht dieses weiße Kaninchen kaufen? Der Lord schüttelte den Kopf, und wollte, ohne ein Wort zu sagen, weiter gehen. Mylord, wiederholte der Unbekannte in einem auffallend nachdrucksvollen Tone, Sie werden sich doch nicht

weigern, mein weißes Kaninchen zu kaufen? — Was soll
ich damit anfangen? versetzte der Lord. Laß er mich denn
in Ruhe, mein Freund. — Und dennoch, Mylord, werden
Sie mir alsobald mein Kaninchen abkaufen! — und zugleich
hielt ihm der Mann eine Pistole vor die Brust. — Ich
will es wohl kaufen; warum habt ihr Euch denn nicht sogleich deutlicher erklärt? Was kostet der Hase? — Tausend Guineen! erwiederte der Wildprethändler. Er hatte den
Hahn seiner Pistole gespannt, und hielt den Finger an dem
Zünglein. — Ich habe die Summe nicht bei mir. — Hat
nichts zu bedeuten, Ihre Unterschrift genügt mir; hier ist
Papier, Dinte und eine Feder; ich habe an Alles gedacht.
— Lord Pellham machte eine auf Sicht zahlbare Verschrei-
bung für die geforderte Summe, und setzte seinen Weg nach
Hause fort.

Zehn Jahre nach diesem Vorfalle, als der Lord einmal
nach seiner Gewohnheit zu Fuß in den Straßen von London
herumwanderte, zog eine prächtig erleuchtete Bude seine Auf-
merksamkeit auf sich. Die Gesichtszüge des Kaufmanns fielen ihm auf; er faßte ihn näher ins Auge, und erinnerte
sich des Mannes mit dem Kaninchen. Er verlangte einige
Juwelen zu besehen, und bei dem ersten Worte, das der
Goldschmid ausspricht, erkennt er seinen Dieb. Aber wie
sollte er ihn anklagen, ohne Beweise und Zeugen? Er ent-
fernte sich demnach, ohne im Geringsten etwas merken zu
lassen, und sann die ganze Nacht über das Mittel nach, sein
Geld wieder zu bekommen. Des folgenden Tages nahm er
ein Körbchen, ging in den Laden, und verlangte allein mit
dem Hausherrn zu sprechen. Als sie zusammen in dem La-
denstübchen waren, sagte der Lord: Wollten Sie nicht ein
weißes Kaninchen kaufen? Der Juwelier machte große Au-

gen; aber der Lord fuhr fort: Ich bin überzeugt, daß Sie
mir den Gefallen thun werden, sogleich dieses niedliche Ka=
ninchen zu kaufen; und zugleich hielt er ihm die Mündung
einer Pistole vor's Gesicht. Der Handelsmann erschrak nicht
wenig, und sagte: Was kostet das Thierchen? — Tausend
Guineen. — Ach Gott, Mylord! rief er aus, indem er
auf die Knie nieder fiel, und seine Brieftasche hinhielt: Hier
nehmen sie! Der Lord nahm seine tausend Pfund heraus,
und wollte das Übrige dem Kaufmann zurückgeben. Dieser
aber erwiederte: Das Geld, welches ich auf eine so sonder=
bare Weise von Ihnen entlehnte, hat mir reichliche Zinsen
getragen. Behalten Sie diese Banknoten zu irgend einem
wohlthätigen Zwecke; ich kann sie jetzt wohl entbehren. Da
nahm der Lord noch tausend Pfund heraus, und schickte sie
alsobald in das Findelhaus. Dem Juwelier aber schwur er,
die Begebenheit niemals kund zu machen, und er hielt Wort,
denn sie ward erst nach seinem Tode durch die Schriften be=
kannt, welche man unter seinem Nachlasse fand.

20.
Der zwanzigste. August.

Im Frühjahr 1788 (so erzählt der Baron von W.,
ein österreichischer Offizier, welcher unter den Seckler Husa=
ren diente), verließ ich Miselowar in Siebenbürgen, um
meinem Regimente, welches damals in der Gegend von
Orsowa stand, Rekruten zuzuführen. In einem dem Lager
nahe gelegenen Dorfe wohnte eine Zigeunerin, welche den
Soldaten Lebensmittel verkaufte. Die Husaren meiner Schwa=
dron ließen sich von ihr wahrsagen, und ob ich gleich ihrer
Leichtgläubigkeit spottete, so hielt ich dennoch auch meine
Hand der alten Sibylle hin. Den zwanzigsten August!

sagte sie mir in einem feierlichen und bedeutungsvollen Tone, ohne weiter ein Wort hinzuzusetzen, oder sich deutlicher zu erklären. Die nämlichen Worte wurden mir noch mehrere Male wiederholt; und als ich in mein Zelt zurückkehrte, rief sie mir mit einem noch ausdrucksvollern Tone zu: Den zwanzigsten August! Man begreift, daß ich dieses Datum nicht aus dem Gedächtniß verlor. — Wir kamen bei der Armee an, und nahmen alsobald an den Strapatzen und Gefahren unserer Waffenbrüder Antheil. Jedermann weiß, daß die Türken damals keine Gefangenen machten, sondern für jeden Christenkopf, den sie in ihr Lager brachten, einen Dukaten erhielten, und daß daher die Janitscharen und Spahis im Kopfabschneiden mit einander wetteiferten. Nichts war gefährlicher, als während der Nacht auf den Vorposten zu sein: denn es verging selten eine, ohne daß die Herren Muselmänner mit überlegener Macht kamen, um Köpfe zu holen, wie sie es nannten; und diese Überfälle wurden immer mit so vieler Schnelligkeit und Vorsicht ausgeführt, daß sie selten mißlangen. Daher kam es denn auch, daß man oft des Morgens, wenn man die Vorposten ablösen wollte, das Lager durch Husaren ohne Köpfe bewacht fand.

Der Prinz von Coburg befahl daher, es solle jede Nacht eine starke Abtheilung außerhalb der Linien Runde machen. Diese Feldwachen bestanden gewöhnlich aus zwei- bis dreihundert Pferden. Aber die türkischen Heerführer, ärgerlich darüber, daß das Gewerbe ihrer Soldaten gestört werden sollte, schickten zu ihrem Schutz drei- oder viermal stärkere Heerhaufen, als die unsrigen waren, ab, und daher kam es dann, daß die Kopfärnten noch ergiebiger waren, als vorher. Zuletzt war es so mißlich, des Nachts vom Pikete zu sein, daß jeder Offizier, der dahin beordert wurde, vorher sein Testament machte. Die Lage der Dinge blieb so bis zu Anfange des Monats August. Acht Tage vor dem zwanzigsten trat die alte Hexe von Zigeunerin unversehens und zu meiner großen Verwunderung in mein Zelt, und bat mich dringend, ihr, im Fall ich das Unglück hätte, an dem vorausgesagten Tage umzukommen, etwas von meinen Habseligkeiten zu vermachen, mit dem Beifügen, daß, wenn ihre Prophezeiung nicht in Erfüllung ginge, sie sich ihrerseits verpflichten wollte, mir einen Korb Tokayer, der seiner Seltenheit wegen damals sehr theuer war, zu überlassen. Ich glaubte, das Weib habe den Verstand verloren; und immer, wie früherhin, scherzend, setzte ich zwei Pferde von funfzig Louisd'or an ihren Tokayerwein. Der Handel wurde in Gegenwart des Regiments-Quartiermeisters abgeschlossen, welcher als Zeuge anwesend war.

Der furchtbare zwanzigste August kam endlich heran, und nichts ließ mich befürchten, daß ich diesen Tag mehr als gewöhnlich ausgesetzt sein würde. Die Reihe war zwar wohl an unserm Regimente, die Nachtwache zu geben, aber zwei meiner Kameraden sollten noch vor mir marschiren. An dem Abend, wo die Husaren zu Pferde steigen wollten, ließ der Chirurgus dem Obersten sagen, der kommandirende Offizier sei so eben plötzlich krank geworden. Deßwegen mußte ihn der nächstfolgende Offizier ersetzen. Dieser war im Begriff mit der Schwadron fortzureiten, als sein Pferd sich bäumte, und ihn so unsanft zu Boden warf, daß er den Schenkel brach. So war nun die Reihe an mir; ich gestehe, daß mir etwas sonderbar zu Muthe war, und der Gedanke an den zwanzigsten August meine Einbildungskraft lebhaft beschäftigte. Ich hatte achtzig Husaren von unserm Regimente bei mir, und hundert und zwanzig von einem andern.

Unser Posten war tausend Schritte vor der Linie, rechts von einem Moraste, der mit hohem Schilfrohr bewachsen war. Wir hatten Befehl, nicht vom Pferde zu steigen, sondern zwei Stunden lang mit gezogenem Säbel und geladener Stutzbüchse auf der gleichen Stelle zu warten.

Kaum waren wir an Ort und Stelle, als wir auf allen Seiten „Allah!" rufen hörten, und von sieben- bis achthundert Türken umringt und so wüthend angegriffen wurden, daß in wenigen Minuten kein einziger Österreicher mehr auf den Beinen stand. Ich erhielt acht Wunden, sowohl von Feindeshand, als von unsern eigenen Leuten, und ward tödtlich verwundet. Sobald die Sieger die Todten ausgezogen hatten, fingen sie an, Köpfe abzuschneiden, welche sie in große Säcke thaten, die sie zu diesem Ende hin mitgebracht hatten. Ich lag unter meinem Pferde, und hörte (denn ich verstehe ziemlich gut türkisch), wie die Muselmänner einander spaßend zuriefen, man solle doch keinen Kopf vergessen, es müssen ihrer zweihundert sein. Dieser Umstand bewies mir, daß sie die Stärke unserer Abtheilung vollkommen kannten. — Mein Pferd erhielt dann noch einen Schuß, und machte eine krampfhafte Bewegung, wodurch mein Bein frei ward, so daß ich gegen den Morast, der nur wenige Schritte entfernt war, hinkriechen konnte. Unter dem Schutze der Dunkelheit erreichte ich ihn wirklich auch bald, und schlich in das Schilf hinein, wo ich dann in eine tiefe Ohnmacht fiel, aus der ich erst am folgenden Morgen, als die Sonne schon über dem Horizont aufgegangen war, wieder erwachte. Ich fand, daß mein dicker Pelz die Säbelhiebe, welche die Türken mir gegeben, aufgehalten; und ob ich gleich viel Blut verloren hatte, so blieben mir doch noch Kräfte genug, um mich aus dem Moraste zu schleppen. Kaum war ich hinaus, so ergriff mich ein Türke von riesenmäßiger Gestalt, welcher, von Opium berauscht, auf dem Kampfplatze zurückgeblieben war. Nehmet, sagte ich auf türkisch zu ihm, meine Uhr, mein Geld, meine Montur, aber um Gottes willen, tödtet mich nicht! Alles, was du hast, erwiederte der Spahi, gehört ohnehin mir; ich muß deinen Kopf haben.

Zugleich knüpfte er die Binde, welche meine Mütze unter dem Kinne festhielt, los, und wickelte das Halstuch ab. Ich war ohne Waffen, und außer Stand, mich zu vertheidigen; alles, was ich thun konnte, war, meinen Feind so fest als möglich an mich zu drücken, um die Bewegung seiner Arme zu hemmen. Während er mir meine Stecknadel aus dem Hemde zog, fühlte ich etwas Hartes unter seiner Brustbedeckung. Es war ein eiserner Hammer. Sei doch ruhig! sagte er zu mir; und diese Worte würden wahrscheinlich die letzten gewesen sein, die ich auf dieser Welt gehört hätte, wenn die Furcht vor einem so erschrecklichen Tode mich nicht auf den Gedanken gebracht hätte, den Hammer sachte aus seinem Busen herauszuziehen. Betrunken, wie er war, merkte er es nicht; schon hielt er meinen Kopf mit der einen, seinen Säbel in der andern Hand, als ich ihm plötzlich und aus allen Leibeskräften einen Streich mit dem Hammer ins Gesicht versetzte. Er wankte, ich schlug noch einmal, und todt lag er zu meinen Füßen. Dann schleppte ich mich, so gut es mir möglich war, bis zu den Vorposten, deren Waffen ich an der Sonne glänzen sah. Man erkannte mich nicht, und mein Oberst hielt mich für ein Gespenst, so sehr war ich entstellt. Noch an eben dem Tage überfiel mich ein heftiges Fieber, und man brachte mich in eine Art von Spital, wo ich ungefähr sieben Wochen blieb.

Gleich an dem ersten Tage meiner Genesung, und

9

nach meiner Rückkehr ins Lager, besuchte mich die Wahrsage=
rin, und brachte mir pünktlich den Tokayerwein. Zugleich
vernahm ich, daß während meiner Abwesenheit mehrere ih=
rer Prophezeiungen in Erfüllung gegangen seien, was ihr
bedeutende Sporteln abgeworfen hatte. Ich wußte nicht mehr,
was ich von der Sache denken sollte, und schon fing ich an,
etwas Übernatürliches an dem Weibe zu finden, als zwei
servische Überläufer in dem Lager ankamen, welche die Zi=
geunerin alsobald erkannten, und versicherten, sie haben die=
selbe oft in dem türkischen Lager gesehen, wo sie über Alles,
was bei uns vorging, Bericht abstattete. Sie zeigten zu=
gleich an, das Weib trage eine türkische Ziffer bei sich, die
ihr statt eines Laufpasses diene. Man durchsuchte sie, und
da sich die Aussage der Servier bestätigt fand, so wurde sie
als Spion zum Tode verurtheilt. Ehe das Urtheil vollzogen
ward, befragte ich sie über die bewußte Prophezeiung. Da
gestand sie mir, daß, da sie beiden Armeen zugleich gedient,
sie oft die Absichten der einen und der andern dem Feinde
verrathen habe. Um ihr Ansehen zu vermehren, hatte sie
mir meinen Unglückstag lange vorher gesagt, und ihrer Wei=
sagung die möglichste Kundbarkeit gegeben, in der Hoffnung,
die Türken zu einem Angriff auf den zwanzigsten August be=
wegen zu können. Da sie wußte, daß zwei Offiziere vor
mir maschiren mußten, so verkaufte sie dem einen ein Paar
Flaschen angemachten Weines, die ihn krank machten; und
in dem Augenblicke, da der andere zu Pferde steigen wollte,
fand sie ein Mittel, seinem Pferde ein Stück brennenden
Zunder in das Nasenloch zu schieben, was die oben beschrie=
bene Wirkung hervorbrachte.

21.

Wann die Noth am gröſsten, iſt Gott am nächſten.

Aus W. Sterns drittem Sprach = und Leſebuch. Karlsruhe 1840.

Das Handelshaus Gruit van Steen war im Anfange
des ſiebzehnten Jahrhunderts eines der angeſehenſten und
reichſten in Hamburg. Aber der verheerende dreißigjährige
Krieg machte ſeine traurigen Folgen zuletzt auch ihm fühlbar,
und zwar um ſo mehr, je ausgebreiteter die Geſchäfte des
Hauſes früher geweſen waren. Städte und Dörfer waren
zu Hunderten verheert und verlaſſen, und bei der Unſicher=
heit der Straßen war es kein Wunder, daß der Handel
ſtockte und vorzüglich der Abſatz in das Innere von Deutſch=
land gering war. Ein Kaufmann nach dem andern ward
unfähig zu zahlen, und zog auch jenes Handelshaus in ſeine
Verluſte mit hinein. Dagegen wagte das große Seeſchiff,
welches als ſein Eigenthum an der Mündung der Elbe lag,
des Krieges wegen nicht, auszulaufen, und die gangbarſten
Waaren mußten von den Holländern zu außerordentlich ho=
hen Preiſen aus der zweiten Hand erkauft werden.

Herrmann Gruit, der Beſitzer der Handlung, ſaß mit
dem alten Janſen, einem erfahrnen Diener des Hauſes, ums
Jahr 1638 in der Schreibſtube, und verglich mit ihm die
großen Bücher. „So thut es nicht länger gut!" ſagte dieſer
endlich, „wir müſſen es anders anfangen. Überlaßt mir auf
ein Jahr das Schiff und ſo viel Geld und Nürnberger
Waaren, als möglich, und laßt mich damit ſelbſt in die
neue Welt (Amerika) ſegeln. Ihr wißt, ich bin in jüngern
Jahren ſchon zweimal dort geweſen, und verſtehe das Ge=
ſchäft; mit Gott wird es mir gelingen."

Die beiden Männer berathſchlagten mit einander über
dieſen Einfall, und nachdem ſie die mögliche Gefahr und

9 *

den möglichen Vortheil auf das Beste erwogen hatten, ka=
men sie dahin überein, daß Jansen reisen solle. Vier Wo=
chen später schritt Herr van Steen in seinem Rathsherrnge=
wande, den alten Buchhalter neben sich, dem Hafen zu, wo
eine große Menschenmenge der Abfahrt des stattlichen Schif=
fes harrte. Einige Handelsfreunde traten grüßend auf sie zu,
und äußerten bedenklich, sie wünschten, Herr Herrmann
möge bei dieser Ausrüstung nicht zu viel gewagt haben.
Aber Jansen antwortete: „Lasset es euch nicht anfechten,
ihr Herren; ich hoffe fest, wir sehen uns gesund und freudig
wieder, denn ich traue auf das gute Sprichwort: „Gott
verläßt keinen Deutschen.“

Da donnerte der erste Signalschuß zur Abfahrt, und
das Boot, welches den alten Jansen zum Schiffe führen
sollte, hatte eben gelandet. Noch einmal drückte er seinem
Herrn die Hände, dann stieg er schnell ein, und schiffte hin=
über. Jetzt wurde der große Anker aufgewunden, der letzte
Kanonenschuß ward gelöset, alle Wimpel flaggten, und mit
vollen Segeln flog das Schiff dahin, dem Meere entgegen.

Drei Vierteljahre gingen vorüber, und kein Jansen
kehrte zurück oder ließ auch nur etwas von sich hören; wohl
aber verbreiteten sich dunkle Gerüchte von deutschen Handels=
schiffen, die in der Gegend von Neu=Amsterdam gescheitert
seien. Die Miene des Herrn Herrmann Gruit ward immer
bedenklicher. Einen großen Verlust nach dem andern erlitt
er durch den Fall mehrerer Handlungshäuser zu Braunschweig,
Nürnberg, Augsburg und Ulm, und täglich noch trafen neue
Unglücksbriefe ein. Am Jahresschlusse verglich er seine Bücher,
— und siehe da, was er gefürchtet hatte, erwies sich als
Wahrheit: die Schulden überstiegen sein Vermögen. Da
legte er langsam die Feder weg, klappte leise das Buch zu,

und ging, schwer seufzend, aus der Schreibstube hinauf in das Familienzimmer. Dort kleidete er sich in seine volle Amtstracht als Rathsherr, küßte seine Frau und seine drei Knaben, und ging mit der Äußerung, daß heute Sitzung sei, hinunter. Die grüne Gasse entlang schritt er dem Rathhause zu; ein Diener trug ihm das schwere Hauptbuch nach. Im Rathhause legte er vor den erstaunten Amtsgefährten die Ehrenzeichen seiner Würde ab, und erklärte seine Zahlungsunfähigkeit.

Man kann denken, wie groß das Staunen Aller war, daß das große Haus Gruit van Steen zu zahlen aufhören müsse. Indeß überzeugten sie sich aus der genauen Ansicht der Bücher, daß Herr Herrmann an seinem Unglücke nicht Schuld sei, und beschlossen, ihm noch eine halbjährige Frist zu gestatten als die äußerste Zeit, in welcher man Jansen noch zurückerwarten könne, wenn das Schiff nicht verunglückt wäre.

Aber das halbe Jahr verfloß; es vergingen zwei Monate darüber und Jansen war nicht gekommen. Herrn Herrmanns Umstände aber hatten sich noch verschlimmert.

Da drangen die schon durch die bewilligte Frist erbitterten Gläubiger so ungestüm auf die strengste Vollziehung des Gesetzes und die Versteigerung aller ihrem Schuldner gehörigen Sachen, daß die Obrigkeit dem Rechte seinen Gang lassen mußte. Alles wurde unter Siegel gelegt, und dem armen Gruit nebst seiner Familie blieb nur das kleine Stübchen, wo sonst der Hausknecht geschlafen, links am Haupteingange des Hauses.

Die Versteigerung begann; sie geschah in dem geräumigen Schreibzimmer, jenem Stübchen gegenüber; man konnte hier die laute Stimme des Ausrufers deutlich hören. Mit jedem Niederfallen des Hammers fuhr es dem Herrn Herr=

mann wie ein Schwert durchs Herz. Er saß tiefsinnig am Fenster und starrte das Schild seines Nachbars, des Wirths zum Westindienfahrer, an. Die Frau saß in der Tiefe der Stube mit rothgeweinten Augen, die Knaben aber spielten mit dem großen Hunde.

Da trat der Rathsdiener herein, und sagte mitleidig: „Herr Senator, den Lehnsessel soll ich holen."

Herr Herrmann seufzte, und Thränen traten in seine Augen; in diesem mit grünen Sammet beschlagenen Lehn= sessel war sein seliger Vater sanft entschlafen, und er war darum als ein Heiligthum im Hause gehalten. Doch er wurde nun hinausgetragen, und die ganze Familie folgte ihm nach, als könnte sie sich nicht von ihm trennen.

Der Versteigerer rief: „Ein noch guter Lehnsessel, mit Sammet beschlagen," — und eine lange Pause folgte, weil sich alle Blicke nach den jammernden Hausbewohnern wandten. Endlich bot Jemand darauf mit vier Mark, und der Auctionator rief mißmuthig: „Also vier Mark zum Ersten!"

In diesem Augenblicke rief eine starke Baßstimme zum offenen Fenster herein: „Vierhundert Mark zum Ersten!"

Alles staunte; der Hund drängte sich gewaltsam und freudig=bellend vor das Haus. Jetzt trat ein Mann in Schiffertracht ins Zimmer, und rief nachdrücklich, indem er mit seinem spanischen Rohre auf den Tisch schlug: „Vier= hundert Mark zum andern, zum dritten und letzten Mal!"

„Gott, unser Jansen!" rief Herr Herrmann — und fiel ihm um den Hals. Der aber fuhr fort: „Ja, ich bins, und unser Schiff liegt voll Gold und Waaren im Hafen. Die Auction ist aus! Fort jetzt, ihr Alle; morgen kommt aufs Rathhaus; da soll Alles sammt den Interessen bezahlt werden. Denn wissen sollt ihr: unser Herrgott lebt noch, und das Haus Herrmann Gruit van Steen steht noch — und nun erst seid freudig gegrüßt in der Heimath, mein Herr Herrmann und Frau Elisabeth von eurem alten Jansen!"

Pf. 37, 5. Befiehl dem Herrn deine Wege und hoffe auf ihn; er wirds wohl machen.

22.
Die Schlacht bei Zorndorf den 25. August 1758.

Joh. Wilh. v. Archenholz, Geschichte des siebenjährigen Krieges.

Nie war bei einer Armee der Durst nach einem Blut= kampf größer, als wie dießmal bei der preußischen. Der Dämon des Krieges schien das ganze Heer begeistert zu ha= ben. Selbst Friedrich, durch den Anblick der verwüsteten Fluren, der zahllosen Schutthaufen und der alles beraubten herumirrenden Flüchtlinge aufs lebhafteste gerührt, schien alle Philosophie zu vergessen und alle andern Leidenschaften der Rache unterzuordnen. Er befahl, keinem Russen in der Schlacht Pardon zu geben. Alle Anstalten wurden gemacht, dem Feind den Rückzug zu hemmen, und ihn nach den Mo= rästen der Oder zu drängen, und dort zu vernichten; sogar die Brücken, die ihnen zur Flucht dienen konnten, mußten abgebrannt werden. Diese Wuth der Preußen wurde den Russen bekannt, da eben die Schlacht anfangen sollte. Ein Zuruf lief durch die ganze Linie: „Die Preußen geben kein Quartier!" „Und wir auch nicht!" war der weit schreckende Wiederhall der Russen.

Die Lage Friedrichs war abermals verzweiflungsvoll und hing von dem Ausgange einer Schlacht ab. Die feindlichen Heere waren nun in Begriff, sich zu vereinigen, und ihn von der Elbe und der Oder abzuschneiden. Die Franzosen und Reichstruppen waren auf dem Marsch nach Sachsen, wohin Daun mit der Hauptarmee der Österreicher auch gezogen war. Die von den Preußen befreiten Schweden hatten jetzt gar keinen Feind vor sich, und rückten auf das unbefestigte Berlin los; und über dem nun noch die Russen, deren Motto Verheerung war, in dem Herzen seiner Staaten.

Die tief durchdachte Disposition Friedrichs war jedoch nicht bloß auf den Sieg, sondern auf den gänzlichen Untergang des feindlichen Heeres gerichtet, dabei aber doch dem Könige, bei einem widrigen Schicksal, der Rückzug nach Cüstrin frei blieb. Es war am 25sten August, als die große Schlacht bei Zorndorf geliefert wurde. Sie fing des Morgens um acht Uhr an. Die Russen waren 50,000 Mann und die Preußen 30,000 Mann stark. Diese, abermals so wie bei Leuthen, in schiefer Schlachtordnung gestellt, machten den Anfang mit einer großen Kanonade. Die Stellung der Russischen war ein in ihren Türkenkriegen gebräuchliches ungeheures Viereck, in dessen Mitte sich ihre Reiterei, ihre Bagage und Reserve-Corps befand: eine Stellungsart, die bei einer Schlacht die schlechteste unter allen ist, da sie der Armee sowohl zum Angriff als zur Vertheidigung alle Thätigkeit raubt, und durch welche auch vor 1800 Jahren die Römer unter Crassus Anführung in der schönsten Ebene von den Parthern geschlagen wurden. So wie die Bogenschützen dieses letztern Volks ihr Ziel auf die zusammengedrängten Legionen nicht verfehlten, so thaten auch hier die Kanonenkugeln eine schreckliche Wirkung auf die so unschicklich gestellten russischen Menschenmassen. Bei einem Grenadier-Regiment traf eine einzige Kugel 42 Mann, die theils getödtet, theils verwundet wurden. Überdem richteten sie eine grausame Verwirrung unter der Bagage an; die Pferde rissen mit ihren

Wagen aus, und brachen durch die Glieder, so daß man diesen Troß bald aus dem Viereck herausschaffen mußte. Der linke Flügel der Preußen avancirte indessen so hitzig, daß er eine Flanke bloßgab. Diesen Umstand nutzte die russische Cavallerie, in die preußische Infanterie einzudringen und einige Bataillone aus dem Felde zu schlagen. Fermor glaubte schon völlig gesiegt zu haben; er ließ das Viereck von allen Seiten öffnen, um den Feind zu verfolgen. Dieß geschah auch mit einem lauten Siegesgeschrei; allein die Russen waren noch nicht weit gekommen, als sie schon in große Unordnung geriethen. Das Hintertreffen, das vor Staub und Dampf nichts erkennen konnte, feuerte auf das Vordertreffen.

Der General Seydlitz rückte indessen mit der preußischen Cavallerie in drei Colonnen an, und warf die russische über den Haufen, die jetzt auf ihre eigene Infanterie getrieben wurde. Ein anderes Corps preußischer Reiter stürzte zu gleicher Zeit auf die russische Infanterie. Sie hieben alles ohne Gnade nieder, was ihr Schwert nur erreichen konnte. Einige Regimenter preußischer Dragoner ließen sich durch das brennende Zorndorf nicht abhalten, sondern trabten durch die Flammen auf die Russen zu; auch Seydlitz, der mit der feindlichen Cavallerie ganz fertig geworden, und, was noch nie gehört war, mit seinem Cuirassier-Regiment, den Degen in der Faust, eine Batterie von schweren Kanonen angegriffen und erobert hatte, folgte jetzt dieser neuen Siegesbahn. Das russische Fußvolk wurde nun von allen Seiten, in der Flanke, auf der Fronte und im Rücken, angefallen, und ein entsetzliches Blutbad angerichtet. Diese Krieger stellten den Preußen noch nie erlebte Schlachtscenen dar. Hatten sie gleich, als Haufen betrachtet, ihre Stellungen in ihren Linien und Abtheilungen verlassen, so standen sie doch als einzelne Menschen wie die Bildsäulen in ihren Gliedern, nachdem sie ihre Patronen verschossen hatten. Es war jedoch nicht jene bewunderungswerthe Tapferkeit, aus Ruhmbegier oder Vaterlandsliebe ihren Posten bis auf den letzten Augenblick zu behaupten; denn sie wehrten sich fast nicht in dieser Lage; vielmehr war es ein Stumpfsinn, sich da, wo sie standen, erwürgen zu lassen. Waren nun ganze Reihen zu Boden gestreckt, so zeigten sich immer neue Schaaren, die auf eine ähnliche Abfertigung ins Reich der Schatten zu warten schienen. Es war leichter, sie zu tödten, als in die Flucht zu schlagen; selbst ein Schuß mitten durch den Leib war oft nicht hinreichend, sie auf die Erde zu werfen. Nichts blieb daher den Preußen übrig, als niederzumetzeln, was nicht weichen wollte. Der ganze russische rechte Flügel wurde also theils niedergehauen, theils in die Moräste getrieben. Eine Menge dieser Flüchtlinge gerieth unter die Bagage; die Marketender=Wagen wurden geplündert, und der Brantwein viehisch gesoffen. Vergebens schlugen die russischen Offiziere die Fässer in Stücke: die Soldaten warfen sich die Länge lang auf den Boden, um den so geliebten Trank noch im Staube zu lecken. Viele hauchten besoffen die Seele aus, andre massacrirten ihre Offiziere, und ganze Haufen liefen wie rasend auf dem Felde herum, ohne auf das Zurufen ihrer Befehlshaber zu achten.

So ging es auf dem rechten Flügel der Russen zu. Es war Mittag. Auf ihrem linken Flügel war bisher noch wenig geschehn. Nunmehr wurde auch dieser von den Preußen angegriffen. Allein die Regimenter, die hier dem größten bereits errungenen Sieg vollends das Siegel aufdrücken konnten, zeigten nicht ihre gewöhnliche Tapferkeit. Sie vergaßen den Ruhm des preußischen Namens, verkannten ihre

Kräfte, so wie die Macht ihrer taktischen Künste in dem ent=
scheidendsten Augenblick, und wichen im Angesicht ihres Kö=
nigs vor den geschwächten und schon halbgeschlagenen Russen
zurück. Die Unordnung war groß, und alle Heldenthaten
des preußischen linken Flügels schienen verloren zu sein; allein
Seydlitz kam mit seiner Cavallerie von diesem siegreichen
Flügel herangeflogen, rückte in die von der weichenden In=
fanterie gemachte Öffnung, hielt ein heftiges Musketen= und
Kartätschen=Feuer aus, und nun drang er nicht allein auf
die russische Cavallerie, sondern auch auf den bisher noch
fest gestandenen Theil der Infanterie ein, und trieb den vor=
gerückten Feind, der schon einige Batterien erobert hatte, in
die Moräste. Dieses große Mannöver der Reiterei wurde
von dem Kern der preußischen Infanterie, den Regimentern
Prinz von Preußen, Forcade, Kalkstein, Asseburg und eini=
gen Grenadier=Bataillons, sämmtlich Truppen, die der Kö=
nig mitgebracht hatte, vortrefflich unterstützt. Diese Veteranen,
ohne auf das Zurückweichen der neben ihnen stehenden Ba=
taillons zu achten, das ihre ganz entblößte Flanke in Gefahr
setzte, waren beständig im Vorrücken geblieben, und jetzt fie=
len sie zugleich mit der Cavallerie mit gefälltem Bajonnet die
russische Infanterie an, und zeigten Wunder der Tapferkeit.
Diese Angriffe waren so lebhaft, daß in dem Zeitraum von
einer Viertelstunde der größte Theil des Schlachtfeldes von
den Feinden verlassen war. Das Feuer hörte jetzt an allen
Orten auf. Die Munition fing an zu fehlen. Man schlug
und stieß nun auf einander los mit Flintenkolben, Bajonnetten
und Säbeln. Die Erbitterung beider Theile war unaussprech=
lich. Schwer verwundete Preußen vergaßen ihre eigene Er=
haltung, und waren immer noch auf das Morden ihrer
Feinde bedacht. So auch die Russen. Man fand einen

von diesen, der tödlich verwundet auf einem sterbenden Preußen lag, und ihn mit seinen Zähnen zerfleischte; der Preuße, mit dem Tode ringend und unfähig sich zu bewegen, mußte dieses Nagen dulden, bis seine Mitstreiter herbei kamen und den Kannibalen durchbohrten. Die Regimenter Forcade und Prinz von Preußen stießen bei ihrem Vordringen auf die russische Bagage und Kriegskasse. Der größte Theil davon wurde erbeutet. Die gänzliche Ermattung beider Theile und die Nacht machten endlich dem Morden ein Ende, das zwölf Stunden gedauert hatte; nur allein die Kosacken schwärmten noch auf dem Schlachtfelde im Rücken der Preußen, um die Erschlagenen auszuplündern und die wehrlosen Verwundeten umzubringen. Allein dieser Mordlust wurde bald gesteuert, da man die Beschäftigung der Unholde ausspähete. Über tausend Mann von diesem Gesindel, die von den Alles niederhauenden Husaren sehr gedrängt wurden, verließen in der Verzweiflung ihre Pferde, und warfen sich in die Schäferei von Quartschen, ein großes steinernes Gebäude; hier schossen sie aus allen Löchern, und wollten sich nicht ergeben. Das Dach, worunter viel Heu und Stroh lag, gerieth in Brand, stürzte ein, und fast alle Kosacken erstickten, verbrannten oder wurden niedergehauen.

Beide Heere blieben die Nacht über unterm Gewehr. Die Russen befanden sich in der schrecklichsten Unordnung; alle ihre Truppen waren wie ein Chaos gemischt. Gern hätten sie den Preußen die Ehre des Sieges unbedingt überlassen, allein der Rückzug war ihnen versperrt, da alle Brücken über die Flüsse abgebrochen waren. In dieser Verwirrung hielt der General Fermor noch am Abend der Schlacht um einen Waffenstillstand auf zwei bis drei Tage an. Sein Vorwand war, die Todten zu begraben. Auf dieß sonder-

bare Ansuchen antwortete der General Dohna: „Da der
König, mein Herr, die Schlacht gewonnen, so werden auf
seinen Befehl die Todten beerdigt und die Verwundeten ver=
bunden werden." Er belehrte ihn dabei, daß ein Waffen=
stillstand nach einer Schlacht eine ganz ungewöhnliche Sache
sei. Den folgenden Tag geschah nichts als Kanonaden.
Der König wollte den Kampf förmlich erneuern; allein
der Mangel an Munition bei der Infanterie, und die große
Abmattung der Cavallerie, die mit Anstrengung aller ihrer
Kräfte gefochten hatte, machten der Schlacht nothwendig ein
Ende, und verschafften den Russen Gelegenheit, einen Aus=
weg aus ihrem Labyrinth zu finden. Sie zogen sich über
Landsberg an der Warthe zurück. Diese Niederlage kostete
ihnen 19,000 Todte und Verwundete nebst 3000 Gefange=
nen; dabei verloren sie 103 Kanonen, viele Fahnen, ihre
Kriegskasse und eine Menge Bagage. Die Preußen zählten
10,000 Todte und Verwundete, desgleichen 1400 Gefan=
gene oder Vermißte, auch hatten sie beim Weichen ihres rech=
ten Flügels 26 Kanonen eingebüßt.

23.
Die gute Mutter.
Von J. P. Hebel.

Im Jahr 1796, als die französische Armee nach dem
Rückzug aus Deutschland jenseits hinab am Rhein lag, sehnte
sich eine Mutter in der Schweiz nach ihrem Kinde, das bei
der Armee war und von dem sie lange nichts erfahren hatte,
und ihr Herz hatte daheim keine Ruhe mehr. „Er muß bei
der Rheinarmee sein," sagte sie, „und der liebe Gott, der
ihn mir gegeben hat, wird mich zu ihm führen," und als sie
auf dem Postwagen zum St. Johannisthor in Basel heraus,

und an den Rebhäusern vorbei ins Sundgau gekommen war, treuherzig und redselig, wie alle Gemüther sind, die Theilnehmung und Hoffnung bedürfen, und die Schweizer ohnedieß, erzählte sie ihren Reisegefährten bald, was sie auf den Weg getrieben hatte. „Find ich ihn in Colmar nicht, so geh ich nach Straßburg, find ich ihn in Straßburg nicht, so geh ich nach Mainz." Die Andern sagten das dazu und jenes, und einer fragte sie: „Was ist denn euer Sohn bei der Armee? Major?" Da wurde sie fast verschämt in ihrem Inwendigen. Denn sie dachte, er könnte wohl Major sein, oder so etwas, weil er immer brav war, aber sie wußte es nicht. „Wenn ich ihn nur finde," sagte sie, „so darf er auch etwas weniger sein, denn er ist mein Sohn." Zwei Stunden herwärts Colmar aber, als schon die Sonne sich zu den elsäßer Bergen neigte, die Hirten trieben heim, die Kamine in den Dörfern rauchten, die Soldaten in dem Lager nicht weit von der Straße stunden parthieenweise mit dem Gewehr beim Fuß, und die Generale und Obersten stunden vor dem Lager beisammen, diskurirten mit einander, und eine junge weißgekleidete Person von weiblichem Geschlecht und feiner Bildung stund auch dabei und wiegte auf ihren Armen ein Kind. Die Frau im Postwagen sagte: „Das ist auch keine gemeine Person, daß sie nahe bei den Heeren steht. Was gilts, der, wo mit ihr redet, ist ihr Mann." Der geneigte Leser fängt allbereits an, etwas zu merken, aber die Frau im Postwagen merkte noch nichts. Ihr Mutterherz hatte noch keine Ahnung, so nahe sie an ihm vorbeigefahren war, sondern bis nach Colmar hinein war sie still und redete nimmer. In der Stadt im Wirthshaus, wo schon eine Gesellschaft an der Mahlzeit saß, und die Reisegefährten setzten sich auch noch, wo Platz war, da war ihr

Herz erst recht zwischen Bangigkeit und Hoffnung eingeengt: daß sie jetzt etwas von ihrem Sohne erfahren könnte, ob ihn Niemand kenne, und ob er noch lebe, und ob er etwas sei, und hatte doch den Muth fast nicht, zu fragen. Denn es gehört Herz dazu, eine Frage zu thun, wo man das Ja so gerne hören möchte, und das Nein ist doch möglich. Auch meinte sie, Jedermann merke es, daß es ihr Sohn sei, nach dem sie frage, und daß sie hoffe, er sei etwas geworden. Endlich aber, als ihr der Diener des Wirths die Suppe brachte, hielt sie ihn heimlich an dem Rocke fest, und fragte ihn: „Kennt ihr nicht einen bei der Armee, oder habt ihr nicht von einem gehört, so und so?" Der Diener sagte: „Das ist ja unser General, der im Lager steht. Heute hat er bei uns zu Mittag gegessen," und zeigte ihr den Platz. Aber die gute Mutter gab ihm wenig Gehör darauf, sondern meinte, es sei Spaß; der Diener ruft den Wirth. Der Wirth sagt: „Ja, so heißt der General!" Ein Offizier sagte auch: „Ja, so heißt unser General," und auf ihre Fragen antwortete er: „Ja, so alt kann er sein," und „Ja, so sieht er aus, und ist von Geburt ein Schweizer." Da konnte sie sich nicht mehr halten vor inwendiger Bewegung, und sagte: „Es ist mein Sohn, den ich suche;" und ihr ehrliches Schweizer= gesicht sah fast ein wenig einfältig aus vor unverhoffter Freude und vor Liebe und Scham. Denn sie schämte sich, daß sie eines Generals Mutter sein sollte, vor so vielen Leuten, und konnte es doch nicht verschweigen. Aber der Wirth sagte: „Wenn das so ist, gute Frau, so laßt herzhaft eure Bagage abladen von dem Postwagen, und erlaubt mir, daß ich morgen in aller Frühe ein Kaleschlein anspannen lasse, und euch hinausführe zu eurem Herrn Sohn in das Lager."

Am Morgen, als sie in das Lager kam, und den
General sah, ja, so war es ihr Sohn, und die junge Frau,
die gestern mit ihm geredet hatte, war ihre Schwiegertochter,
und das Kind war ihr Enkel. Und als der General seine
Mutter erkannte, und seiner Gemahlin sagte: „Das ist sie,“
da küßten und umarmten sie sich, und die Mutterliebe und
die Kindesliebe, und die Hoheit und die Demuth schwammen
in einander und gossen sich in Thränen aus, und die gute
Mutter blieb lange in ungewöhnlicher Rührung, fast weniger
darüber, daß sie heute die Ihrigen fand, als darüber, daß
sie sie gestern schon gesehen hatte. — Als der Wirth zurück=
kam, sagte er: das Geld regne zwar nirgends durch das
Kamin herab, aber nicht zweihundert Franken nähme er
darum, daß er nicht zugesehen hätte, wie die gute Mutter
ihren Sohn erkannte, und sein Glück sah; und der Erzähler
sagt: „Es ist die schönste Eigenschaft weit aus im mensch=
lichen Herzen, daß es so gern zusieht, wenn Freunde oder
Angehörige unverhofft wieder zusammenkommen, und daß es
allemal dazu. lächeln oder vor Rührung mit ihnen weinen
muß, nicht ob es will.“

24.
Nachbarliche Freundschaft.
Von J. P. Hebel.

Ein wohlgekleideter Gast kam einst zu einem Wirth in
einem gewissen Städtchen, und verlangte trotzig Suppe,
Fleisch und Gemüse für sein Geld. Der Wirth trug ihm
nach Verlangen auf, und fragte ihn, ob ihm nicht auch ein
Glas Wein anständig wäre. Ja wohl, antwortete der
Fremde, wenn ich solchen haben kann für mein Geld. Nach=
dem er sich's hatte wohl schmecken lassen, zog er einen alten
abgeschliffenen Kreuzer aus der Tasche, und sagte: „Herr

Wirth, hier ist mein Geld." Der Wirth aber sprach: Was soll das heißen? Seid ihr mir nicht einen Thaler schuldig? Der Gast erwiederte: „Ich habe für keinen Thaler Speise von Euch verlangt, sondern nur für mein Geld. Habt ihr mir zu viel gegeben, so ist's Eure Schuld."

Ihr seid ein durchtriebener Schalk, versetzte der Wirth, und hättet wohl etwas Anderes verdient. Aber ich schenke Euch das Mittagsessen, und noch ein Zehnbatzenstück dazu, wenn Ihr da zu meinem Nachbar, dem Bärenwirth, gehen wollt, und es ihm eben so macht. Er sagte dies, weil er mit seinem Nachbar aus Brodneid im Unfrieden lebte, und sie einander gern auf alle Weise Abbruch thaten. Der schlaue Gast versprach's, nahm lächelnd das Geld mit der einen Hand, und griff behutsam mit der andern nach der Thür, wünschte dem Herrn Wirth einen guten Abend, und sagte: „Bei Euerm Nachbar, dem Bärenwirth, bin ich schon gewesen, und eben er ist's, der mich hierher geschickt hat."

25.
Der Bredil.
(Erzählung von Karl Stöber.)

Der Wanderer, der von den Malnitzer Tauern herabkommt, und von Tarvis aus seinen Weg nach der nördlichen Handelsstadt des adriatischen Meeres fortsetzen will, kann sich rechtshin wenden über Ponteba und Udine, oder linkshin über den Bredil, und dann an den Felsenufern des Isonzo hinab bis in die weite Ebene, welche sich um das wunderfreundliche Görz herum ausbreitet. Der Erzähler wählte einmal den letzteren Weg, und nach Gewohnheit des Landes wurden nun die Pferde an seinem Wagen ausgespannt, und zwei bedächtige Ochsen an ihre Stelle gethan. Sie

10

nahmen sich an dem leichten Fahrzeug sonderbar aus, und schienen, aus der Ferne betrachtet, an der Seite des himmelhohen Bredils nicht förderlicher hinanzuschleichen, als eine Schnecke mit ihrem Hause an einem regennassen Felsenstücke. Das gieng dem Erzähler zu langsam, und er wandelte der schönen Straße nach zu Fuß voraus.

Der Bredil ist ein herrlicher und zugleich höchst lieblicher Berg in den Reihen der Karnischen Alpen. Ein kleiner, tiefblauer See macht den Teppich zu den Füßen des sitzenden Fürsten. Ein saftgrünes Gewand von Matten und Zwergtannen ist über seine Schultern und um seine Lenden geworfen. Einer der letzten deutschen Kaiser hat ihn in seiner schönen Straße mit dem Orden des goldenen Vließes geschmückt, und sein weißes Haupt trägt er dem Himmel näher als der Erde. Über die Felsen, an welche er sich lehnt, tropft, rinnt und stürzt Wasser in reicher Fülle, und sammelt sich in dem Bett des Isonzo, der, ein junger Gemsbock, in mächtigen Sprüngen dem tiefen Thale zueilt. Der Erzähler ließ ihn springen, und kam, immer der Straße folgend, an die hohen Ruinen, welche in der Umgegend unter dem Namen: „die Klause" bekannt sind.

In den Sonnenstrahlen, welche über die Ruinen der Klause auf das linke Felsenufer des Isonzo herüberfielen, saß, als der Erzähler an diese Stätte kam, ein alter Mann aus Villach, der seine zwei Frachtwagen voraus gegangen war, als sie am Wirthshause auf der Scheideck des Bergs anhielten, um die Rosse ein halbes Stündlein verschnaufen zu lassen. Der Erzähler hatte auch gerade nichts Besseres zu thun, als zu warten, und setzte sich zu dem alten Manne. Die Kärntner aber sind meistens gar freundliche, umgängliche und redselige Leute, und so theilte auch dieser alte Fuhrmann faſt ungebeten über die ausgebrannte Klauſe am jenſeitigen Ufer des Iſonzo Folgendes aus dem reichen Schatze ſeiner Erfahrungen mit:

„Ich war einmal,“ erzählte der Greis, „in den ſchlimmen Kriegsläuften der neunziger Jahre mit meinem Fuhrwerk von Trieſt bis nach Flitſch da unten gekommen. Da kamen die Franzoſen in großer Eile das Thal herauf, ſpannten meine ſechs Gäule an ihre Pulverkarren und zwangen mich, meinen Wagen ſtehen zu laſſen und ihnen zu folgen. Nicht weit von der Klauſe ließ ihr General Halt machen, und die Öſtreicher darin auffordern, ſich zu ergeben. Aber dieſe antworteten zuerſt dem Trompeter mit Nein, und dann den Leuten, die hinter ihm nachkamen, aus ihren guten Kanonen. Die Franzoſen fielen beim erſten Angriff unter den Kartätſchen wie Kartenmänner. Beim zweiten Anlauf gelangten ſie, einen Oberſten voran, in die bedeckte, finſtere Brücke, die über dem Iſonzo bis unmittelbar an das Thor der Klauſe lag. Aber unſere Landsleute hatten die Hauptbalken derſelben zuvor halb durchhauen, was die Franzoſen in der Eilfertigkeit des Sturmſchrittes und in dem dunkeln Gange nicht bemerken konnten. Die Brücke brach plötzlich mit großem Krachen zuſammen, und Hunderte ſtürzten mit ihren Trümmern in den Abgrund. Ungefähr zwei Drittel von dem feindlichen Bataillon kamen in eiliger Flucht den Berg wieder herab. Die übrigen führte der Iſonzo aus ſeinem Schlunde heraus, und ließ da, wo er wieder breit und ſeicht fließt, die Leichname auf dem Kies liegen, wie eine Katze die Mäuſe hinlegt, die ſie erwürgt hat. Unter ihnen war auch der Oberſt.

Wir Kärntner Fuhrleute lachten in die Fauſt, aber der franzöſiſche General ſtampfte mit dem Fuß und fluchte, und

10 *

lugte mit seinem Fernrohr umher, parlirte auch dazwischen
mit seinem Adjutanten. Dieser wandte sich endlich zu uns
deutschen Fuhrleuten, und sagte in unserer Sprache: „Leute,
wer unter euch einen Weg weiß, auf dem man den Öster=
reichern droben in den Rücken kommen kann, und uns die=
sen Weg führt, der bekommt diesen Beutel mit hundert
Dukaten." Wir wußten wohl einen, aber wir schüttelten
mit dem Kopf. Nur einen unter uns blendete der gelbe
Mammon, daß er den Verräther machte und ging. Mit
dem Judas voran, setzte sich der Rest des französischen Ba=
taillons, das seine gefallenen Brüder rächen wollte, ein
Mann hinter dem andern, in Marsch.

Indessen arbeiteten die Österreicher in ihrer Klause, die
von dem französischen Feldgeschütz doch auch Löcher bekommen
haben mochte, munter, wie Ameisen, über deren Haus ein
Holzhacker gestolpert ist. Aber ihre Freude dauerte nicht
lange. Hinter ihnen, hoch auf der Felsenwand, erschienen
bald ihre Feinde zum drittenmale. Zuerst rollten große
Felsentrümmer herab, dann folgten ganze brennende Blöcke
nach. Zuletzt that es in der Klause einen dumpfen Knall,
und plötzlich war darin Alles todtenstille, wie in einem Nest
von Waldbienen, die man mit Schwefel erstickt hat. Es
mußte das Feuer in den Pulvervorrath der kleinen Besatzung
gedrungen sein.

Die Franzosen hielten es gar nicht der Mühe werth,
sich in der ausgebrannten, leeren und schwarzen Klause um=
zusehen. Sie marschirten vorüber, der Schanze zu, die nur
eine halbe Stunde oberhalb der Klause lag. Die Österreicher
darin wurden aufgefordert, sich zu ergeben. Sie antworteten
aber mit ihren Kanonen so, daß der französische General,
nachdem er sich zu weit gewagt hatte, sich mit seinen Leuten

wieder um eine Ecke des Bergs zurückziehen mußte. Aber
es half nichts. Dem Judas Ischarioth wurde auch die linke
Hand mit Gold gefüllt. Diesen Wegweiser voran, standen
bald etliche hundert Franzosen im Rücken der Schanze und
schossen von oben herab aus allen Läufen hinein, wie die
Bergschützen von oben in ein Adlernest hineinschießen, wenn
sie es nicht einnehmen können, sondern nur zerstören wollen.

Ich stand, — jetzt möchte ich es auch nicht mehr thun, —
nicht sehr weit von der Schanze auf einem Felsen, und
konnte mitten hinein sehen. Der Hauptmann darin ließ seine
Kanonen drehen und die Läufe hoch richten. Aber sie scha=
deten den Feinden nichts mehr, und seine Scharfschützen hat=
ten ihre letzten Patronen bald verschossen. Dieß merkten die
Franzosen, und kamen in hellen Haufen heran. Der öster=
reichische Hauptmann nahm einem gefallenen Kanonier die
brennende Lunte aus der Hand, und stellte sich damit an
einen Wagen mit Munition. Bald aber sank er, von einer
Kugel getroffen, zwischen die Räder, und die Lunte fiel aus
seiner Hand in den offenen Kasten des Pulverkarren. Indeß
erstiegen die Franzosen den Wall und fingen an, die weni=
gen Vertheidiger, die keinen Pardon nahmen, niederzustoßen. —
Da thut es auf einmal einen furchtbaren Schlag. Ein dicker
Dampf bedeckt die ganze Schanze, und als er sich den Berg
langsam hinaufgezogen hat, ist sie wie ausgekehrt. Die
Lunte, die aus der Hand des wackern Hauptmanns zwischen
die Patronen gefallen war, hatte nicht eher gezündet, als
bis die Granaten mit einem Deutschen zehn Franzosen und
noch mehr niederschmettern konnten.

Als wir eine halbe Stunde darauf an der eroberten
Schanze vorüberzogen, war es darin schwarz, wie in der
Schmelzhütte von Bleiberg, und so leer, wie vorhin, als

Sie, mein Herr, daran vorbeigegangen sind. Nur die Läufe der Kanonen blieben liegen; die verbrannten Leichname hatte es bis auf die Straße herüber geworfen."

Nun, und der Judas? der Verräther? fragte der Erzähler den Fuhrmann, welcher aufstand und damit zu erkennen gab, daß seine Geschichte von der Klause und von der Schanze aus sei.

„Der," antwortete der Gefragte, „ist mit den Franzosen weiter gezogen, man weiß nicht wohin. In dem Kärntner Lande hat er sich nicht mehr blicken lassen. Es wird bei ihm, wie bei Cain, geheißen haben: Die Stimme von deiner Brüder Blut schreit zu mir von der Erde. Unstät und flüchtig sollst du sein auf Erden."

25.
Der Krieg.
(Von Friedrich Jacobs.)

In den ersten Tagen des Mais führte ein Vater seine Kinder, Allwin und Theodor, in das Freie hinaus. Der Weg ging eine lange Allee hinab, an deren Ende ein öffentlicher Garten lag. In seinen weit geöffneten Thüren sahen sie schon von fern ein buntes Gewühl von Menschen, welche aus- und eingingen, und eine lustige, aus dem Innern schallende Musik lud die Spazierenden ein, an den Vergnügungen des Gartens Theil zu nehmen.

Es war ein Sonntag, und eine Menge vergnügter Menschen vergaß hier die Arbeiten und Mühen der vergangenen Tage. Viele spazierten müssig in den breiten Gängen auf und ab, und genossen den lauen Abend, der aus dem frischen Laube und den Blüthen der Bäume süße Düfte hervorlockte. Männer wandelten mit Weibern; und vor ihnen

hüpften ihre Kinder oder tummelten sich in fröhlicher Ver=
wirrung auf den Grasplätzen umher.   Alle schienen von
einem Geiste friedlicher Eintracht und ruhigen Genießens be=
seelt.   Die fröhlichen Töne, die sie umzogen, die heitern
Strahlen der Abendsonne und die anmuthigen Düfte, die
aus tausend Blumen emporstiegen, schienen alle Gemüther
erheitert und in ein süßes Vergessen ihrer Sorgen gewiegt
zu haben.

Allmählig verlor sich die größere Menge und die laute
Musik verstummte.   Da erscholl aus einem Gebüsche zur
Seite eine anmuthige Doppelpfeife, die von Zeit zu Zeit
durch einen einfachen und rührenden Gesang unterbrochen
wurde.   Die meisten von denen, die noch in dem Garten
zurückgeblieben waren, eilten jetzt neugierig nach jener Gegend
hin, und Allwin und Theodor waren nicht unter den letzten.
Sie fanden auf einem Rasenplatze einen Knaben sitzen, wel=
cher zwei kleine Pfeifen blies und zur Abwechslung dazwi=
schen sang.

Das Lied, das er sang, war ein Lob des Friedens.
Er wiederholte es mehrmalen; aber immer, wenn er gegen
das Ende kam, wurde seine Stimme dumpfer und dumpfer,
bis sie endlich bei den letzten Worten ganz zu erlöschen schien.

Wer einmal gekommen war, blieb stehen und hörte.
Der Knabe schien etwas über zwölf Jahr alt zu sein.   Seine
heitere Bildung gefiel jedermann, wie er denn auch die Um=
stehenden unbefangen und unschuldig mit großen blauen Augen
ansah.   Neben ihm lag ein grauer Hund, den er von Zeit
zu Zeit liebkosete.   Sein Anzug war ärmlich, aber rein,
und seine Bewegungen hatten eine gewisse natürliche Anmuth,
die jedermann wohlgefiel.   Man wollte wissen, wer er sei,
wo er herkomme, und wem er angehöre.

„Ich komme weither vom Rhein," antwortete er, „wo meine arme Mutter wohnt. Ich ziehe umher, um etwas zu verdienen."

Diese Worte erregten die Neugierde der Umstehenden noch mehr. Man verlangte seine Geschichte zu hören. Er schwieg einige Augenblicke; dann legte er seine Flöte bei Seite, drückte den Hund fester an sich und erzählte mit gefalteten Händen folgendermaßen:

„Ich komme aus der Pfalz, wo mein armer Vater Landwirthschaft trieb. Wir hatten ein feines Haus, nicht weit vom Fluß, und einen Garten dabei, auch einen kleinen Weinberg dicht am Wasser. Wir hatten Pferde und Kühe und alles, was wir wünschten. Gar oft sagte mein Vater: Unsere Nachbarn sind zwar reicher, aber gewiß nicht vergnügter als wir. Denn wir sind zufrieden mit dem, was uns Gott beschert, und begehren nicht mehr, als wir haben.

Das war vor dem Kriege, da ging uns alles zu Glück. Als aber die Kriegsunruhen anfingen, fingen auch meiner Eltern Sorgen an. Wir hörten oft von bösen Thaten, die verübt worden waren, und daß man niemand schone, weder Alt noch Jung. Auch kamen viele Flüchtlinge vom andern Ufer bei uns durch, mit wenigen Habseligkeiten. Die erzählten schauderhafte Dinge und machten uns sehr bange. Oft sahen wir auch schreckliche Feuerzeichen von brennenden Dörfern am Himmel. Wir gingen mit Furcht zu Bette und standen mit Sorgen auf, denn alles Unglück, das wir sahen und hörten, drohte uns ebenfalls.

Endlich fing die Noth auch in unserer Gegend an. Es kamen oft Soldaten zu uns, bald Freunde, bald Feinde. Aber sie waren alle gleich und verlangten immer dieß und das. Sie sagten zwar, der Krieg würde für uns geführt, damit es uns wohl ginge. Aber dabei nahmen sie uns alles, was wir hatten; und wenn wir ihnen alles gegeben hatten, wußten sie es uns doch keinen Dank.

Eines Tages hörten wir ein gewaltiges Kanonenfeuer, und gegen Abend hieß es, der Feind sei geschlagen und ziehe sich mit großer Eile im Thale herab. Mit tödlicher Angst sahen wir der Ankunft des fliehenden Feindes entgegen. Mein Vater ging nicht zu Bette, sondern verwahrte das Haus und erwartete den Erfolg.

Früh, vor Tagesanbruch, als ich noch schlief, wurde mit großem Ungestüm an das Haus geschlagen. Ich fuhr erschrocken auf und sah durchs Fenster einen Trupp Reiter, welche Anstalten machten, die Thüren aufzusprengen. Da öffnete ihnen mein Vater gutwillig — denn es waren ihrer zu viele, um sie abzuhalten — und fragte sie recht höflich, was denn ihr Begehren sei. Da verlangten sie Geld, aber viel und schnell; und einige zogen die Säbel, andere spann= ten die Pistolen gegen ihn und drohten, ihn zu ermorden, wenn er sich einen Augenblick bedächte.

Ich war unter der Zeit hinausgelaufen, und bat mei= nen Vater, ihnen doch alles zu geben. Da schwang einer von den wilden Reitern lachend seinen Säbel über mir, um mich in Furcht zu setzen; aber ein andrer, der vom Pferde gestiegen war, faßte mich freundlich beim Kinn und streichelte mir den Kopf und sagte mir, ich sollte mich nicht fürchten. Ich fürchte mich nicht, antwortete ich, aber, um Gottes Willen, thut nur dem Vater nichts!

Mein Vater war in das Haus gegangen, um Geld zu holen. Während der Zeit behielten sie mich und die Mut= ter in Verhaft. Einige stießen schreckliche Worte aus und drohten, uns mitzunehmen oder uns Leben zu bringen.

162

Nun brachte mein Vater eine Summe Geldes, ich weiß nicht wie viel, und gab es ihnen. Aber sie waren nicht zufrieden, sondern fluchten entsetzlich, und einige stiegen schon ab, um selbst zu suchen. Auf einmal hörte man einige Kanonen= schüsse in der Nähe. Da erschraken sie, stiegen hastig wie= der auf und jagten mit ihrer Beute davon.

Als sie weg waren, dankten wir alle Gott, daß nichts Schlimmeres geschehen war. Aber mein Vater war still und meine Mutter weinte. Sie hat mir nachher gesagt, das Un= glück habe ihr geahnet, das uns bevorstand.

Viele Reiter und Fußgänger eilten den ganzen Tag über vorbei, und keiner hielt sich auf, bis gegen Abend drei Reiter auf unsern Hof kamen, und mit Ungestüm Geld ver= langten. Mein Vater eilte hinaus, um ihnen zu sagen, daß er nichts mehr habe, und hielt uns zurück, ihm zu fol= gen. Wir horchten aber an der Thür und hörten einen schrecklichen Wortwechsel. Da liefen wir hinaus, als der Lärm so arg wurde, um meinem armen Vater zu Hilfe zu kommen. In diesem Augenblick schwang ein Reiter den Sä= bel über ihn, und nannte ihn einen Hund, und ein anderer drückte sein Gewehr gegen ihn ab; und wir sahen meinen Vater in seinem Blute fallen."

Der Knabe hielt bei diesen Worten inne; Thränen rollten über seine Wangen, und alle Umstehenden waren gerührt.

„Als meine Mutter das große Unglück sah," fuhr er nach einem kurzen Stillschweigen fort, „warf sie sich über meinen armen Vater her, und schrie und weinte, bis ihr die Stimme verging. Da glaubte ich, sie sei auch todt, und setzte mich neben sie, und wollte auch sterben. Die Reiter waren unterdessen in das Haus gegangen, und rafften zu=

163

fammen, was fie fanden. Dann ritten fie eilends davon,
als es schon ganz dunkel war, und kümmerten fich nicht weiter um uns.

Ich wußte nicht, was ich thun follte; bald wollte ich
in die Nachbarschaft laufen und Hilfe fuchen. Allein ich
war in einer fo großen Angst, daß ich nicht fort konnte.
Ich konnte nur rufen und fchreien: und das hörte Niemand;
denn unfer Haus lag einzeln. Endlich kam es mir vor,
als ob meine Mutter wieder Athem holte. Ich rief fie mit
lauter Stimme, und fie fchlug die Augen auf und fragte,
wo fie wäre? Ich konnte vor Freude nicht antworten, und
auch vor Traurigkeit nicht; denn die Thränen erftickten meine
Worte. Aber, ach! in dem Augenblicke fchlug die Flamme
aus dem Dache unferes Haufes empor. Meine Mutter
raffte fich auf, und wollte in das brennende Haus hinein.
Aber ich hielt fie feft und ließ fie nicht los. Denn fie wäre
gewiß in den Flammen umgekommen. Das Haus stand mit
einem Mal in vollen Flammen. Es kamen einige Leute herbei, um zu helfen; aber alle Hilfe war umfonst; das Haus
brannte nieder, und wir hatten nichts gerettet, als was wir
an uns trugen. Nun verfammelten fich viele Leute um uns,
und beklagten unfer Unglück. Und Jeder erzählte etwas,
das ihm begegnet war, der Eine dies, der Andere das;
denn es war Niemand verfchont geblieben. Aber umgekommen war doch Niemand, als mein armer Vater.

Als der Morgen anbrach, war meine Mutter fehr krank,
denn wir waren die ganze Nacht unter freiem Himmel ge-
wefen; und noch wußten wir nicht, wo wir uns hinwenden
follten. Meine Mutter faß immer neben meinem todten
Vater und hielt mich feft auf ihrem Schooße: damit fie
mich nicht auch verlöre, fagte fie. Da kam eine arme Wittwe

164

aus der Nachbarschaft, der mein Vater in bessern Zeiten einiges Gute gethan hatte. Die bat meine Mutter, aufzustehen und mit in ihre Hütte zu gehen. Sie wollte alles mit uns theilen, sagte sie, was sie in ihrer Armuth hätte.

Den andern Tag begruben sie meinen Vater, und der Pfarrer predigte an dem Grabe, und sagte: mein Vater wäre nun im Himmel, denn er hätte Gott gefürchtet und geliebt. Und das ist auch gewiß wahr; denn mein Vater war fromm und that allen Menschen Gutes.

Da Alle weg waren, blieb ich allein auf dem Gottesacker, und setzte mich auf das Grab, und weinte und rief meinen Vater mit Namen; und dann betete ich, und nahm mir vor, auch so gut zu werden, wie er. So saß ich lange auf dem Grabe, und konnte nicht weg. Der Hund lag neben mir und sah mich traurig an; und da mußte ich noch mehr weinen, wenn ich dachte, wie lieb mein Vater das treue Thier gehabt hatte."

Bei diesen Worten legte der Knabe sein Gesicht auf den Kopf des Hundes und drückte ihn fest dagegen. Dann fuhr er fort:

„Meine Mutter war nun lange krank, und wir lebten sehr kärglich. Unsere gute Wirthin hatte nur wenig, und meine Mutter konnte nichts verdienen. Da ich nun sah, daß sie immer betrübt war und sich härmte, weil wir der armen Frau zur Last fielen, sagte ich eines Tages zu ihr: „Liebe Mutter, ihr seid so traurig, daß wir nichts haben und nichts verdienen können. Aber seid nur getrost! Kann ich nicht die Doppelpfeife spielen und allerlei Lieder singen? Ich will mich auf die Reise begeben, und Musik machen, wie der blinde Nepomuk, der sonst immer mit seinem Enkel hieher kam; so seid ihr eine Sorge los, und ich denke etwas

zu verdienen. Dann komme ich wieder zurück und bringe
euch mit, was ich erworben habe." — Meine Mutter ant=
wortete nichts; ich aber schickte mich zur Reise an, bat meine
Wirthin um etwas Brod, rief den Hund und wollte hinaus.
Da meine Mutter nun sah, daß es mein Ernst war, wollte
sie mich nicht fortlassen, sondern schalt mich und stritt und
bat. Da war gerade ein alter Nachbar zugegen, dem die
Soldaten auch alles genommen hatten; der sagte: „Laßt
ihn ziehen, Mutter! Es hat wohl mancher brave Mann
so angefangen; Gott wird ihn behüten!" Und da ich auf
meinem Vorhaben bestand, sagte sie endlich unter vielen Thrä=
nen: „Nun so geh in Gottes Namen! Ich will für dich be=
ten, daß dir kein Unglück begegne, und daß du gut bleibest."

Da gab ich ihr die Hand und ging fort; und es sind
nun zwei Monate, daß ich herumziehe und Musik mache,
und noch ist mir nichts Übels begegnet. Ich habe mir schon
einiges gespart, und wenn es noch mehr ist, kehre ich wie=
der nach Hause zurück und erfreue meine arme Mutter, die
wohl manche Sorge um mich haben mag."

Mit diesen Worten endigte der Knabe seine Geschichte,
und zog ein kleines Beutelchen heraus, das er mit Wohlge=
fallen wog und zwischen beide Hände drückte. Alle Umstehenden
zeigten sich freigebig und liebkoseten den Knaben und lobten ihn.
Da trat unter der Menge ein ältlicher Mann hervor, der ein
ansehnliches Vermögen besaß und seine Kinder verloren hatte.
Der faßte den Knaben bei der Hand und sagte: „Willst du
mit mir kommen?" — Der Knabe sah ihn mit großen Au=
gen an und sagte: „Ich will euch so viele Lieder spielen, als
ich weiß." — Der Mann lächelte und ging mit dem Kna=
ben weg. Bald darauf erfuhr man, daß er ihn an Kindesstatt
angenommen hatte, und für seine Mutter Sorge trug.

27.
Hogarth und Fielding.

Hogarth hatte nie an Gespenster geglaubt; und dennoch konnte er sich nicht ausreden, daß es die Stimme seines ver= storbenen Freundes Fielding sei, welche er so eben vernom= men. Endlich sprach die Stimme zum dritten Male deutlich und laut: „Hogarth, willst du mich noch lange warten lassen? Nimm deinen Pinsel, komm hierher, ich habe dir nur ein paar Augenblicke zu schenken." Hogarth gerieth in Angst und Verwirrung; im Schrecken vergaß er, daß es dieses Cabinet war, wohin er Garrik gewiesen hatte. Er nahm daher seinen Pinsel, und ging, wohin die Stimme ihn rief. Aber, o Wunder, er sieht Fielding; er erkennt seine Züge, seine Haltung, seine Kleidung. Mit einem Worte, es ist sein Freund, der leibhaftig vor ihm steht. Hogarth, erstaunt und betroffen, malt in der Eile, und hat das Glück, ihn zu treffen. Als die Arbeit fertig war, ent= ging dem Komödianten ein lautes Gelächter. Er nahm seine vorigen Züge wieder an, und erst da merkte Hogarth seinen Irrthum. Dieses sehr gelungene Bildniß ist das nämliche, welches vorn in den Werken Fieldings steht.

Anmerkungen.

Die Bienen.
Aus Christoph Schmidt's Erzählungen.

Kam came, kommen to come, sah saw, sehen to see, einen blühenden Rosenstrauch a flowering rosetree, nun will ich mich einmal satt daran riechen I will indulge myself in smelling, als er aber but when he, begierig eagerly, halb geöffnete half opened, hineinsteckte put, empfand felt, empfinden to feel, mit einem Mal all at once, versteckt concealed, stach stung, stechen to sting, zerdrückt crushed, genoßne enjoyed, genießen to enjoy, verwandeln change.

Das große Vogelnest.
Aus Christoph Schmidt's Erzählungen.

Suchte — auf went in search of, stach — aus pricked out, ausstechen to prick out, mit boshafter with malicious, du gottloses Kind you wicked child, denke think, denken to think, lachte dazu laughed at it, je länger je ärger the longer the worse, ging went, gehen to go, auszuüben to commit, kletterte hinauf climbed up, hinauf — klettern to climb up, riß tore, reißen to tear, warf — herab threw down, herabwerfen to throw down, wollte was willing, wollen to be willing, greifen to seize, herbeigeflogen flying near, herbeifliegen to fly near, hackten aus picked out, sich erfrecht dares, sicherlich assuredly, gerächt revenged, rächen to revenge.

Das schönste Kleid.
Aus Christoph Schmidt's Erzählungen.

Der mit Seidenwaaren handelte who dealt in silk goods, erhielt received, erhalten to receive, auszusuchen to select, konnte nicht in der Wahl einig werden felt puzzled about the choice, entscheiden to decide, stehe would suit, stehen to suit, to fit, lächelnd smiling.

Die Weintrauben.
Aus Christoph Schmidt's Erzählungen.

Kam — zurück returned, zurückkommen to return, wie durchsichtiges Gold like transparent gold, Reblaube vine leaves, We-

11

her whence, rief exclaimed, rufen to call, to exclaime, wie freu'
ich mich I am so glad, an mich denkt remembers me, wüßte
knew, wissen to know, könnte might be able, können to be able,
ich würde es von Herzen gern thun I would do it with all my
heart, es freut mich I am glad, erhieltst didst receive, erhalten to
receive, sollen wir nicht seine Freundlichkeit daran erkennen should
we not from this learn, how kind he is.

Die Maiblümchen.
Aus Christoph Schmidt's Erzählungen.

Brachte brought, bringen to bring, sonst nichts genießen konnte
could eat nothing else, gethan done, thun to do, nahm took,
nehmen to take, ungemein gern habe liked uncommonly well, ging
went, stecken -- ließ had left, lassen to leave, die Amtskasse the
cashbox in the bailiffs office, schlich — davon stole himself away,
davonschleichen to leave stealthily, bestellte ordered, gefangen
made prisoners.

Der Arzneikrämer.
Aus Christoph Schmidt's Erzählungen.

Ein gut gekleideter Reisender a well dressed traveller, auf
den Abend towards evening, Dorfschenke ein, und ließ sich ein Paar
gebratene Hühner und eine Flasche vom besten Weine geben and ordered a couple of roasted fowls, and a bottle of the best wine,
fing — an began, anfangen to begin, zu winseln to moan, hielt
put, halten to put, Backen cheek, entsetzlichen terrible, geplagt
tormented, Mitleid compassion, über eine Weile after a little
while, verlangte asked for, fehle ailed, er langte — hervor he
reached forth, hervorlangen to reach forth, zusammengelegtes fol-
ded up, zusammenlegen to fold up, benetzen moisten, dupfen to dip,
weggeblasen blown away, wegblasen to blow away, gab gave,
geben to give, nöthigte invited, verkaufte wohl sold perhaps, das
Stück a piece, bekam got, bekommen to get, half es keinem einzigen it relieved nobody, helfen to help, to assist, to relieve, der
Betrug kam endlich an den Tag the fraud was at last discovered,
den Handel mit einander verabredet had had a mutual understand-
ing about the matter, geschabte Kreide scraped chalk, Zuchthaus
penitentiary.

Der Schatz im Walde.
Aus Christoph Schmidt's Erzählungen.

Wie lauter Silber like pure silver, mit den gefundenen Kost=
barkeiten with the found treasures, lief nach Hause ran home,
nach Hause laufen to run home, sieh behold, vergangenen preceed-
ing, aufgezehrt eaten up, faules Holz rotten wood.

Der Gang nach dem Eisenhammer.
Aus Becker's Erzählungen.

Der Gang the going, nach to, vor langer Zeit long ago.
Hielt Fridolin gar hoch favoured Fridolin very much, hochhalten
to favour much, daß er ihr Alles an den Augen absah that he did
not require being told. Wollte sie ihm etwas heißen was she
about to give him orders for amy thing, gab sich alle Mühe —
zu errathen took all pains he could — to guess, sich Mühe geben
to take pains. Darüber warf der böse Robert einen argen Neid
und Groll at this the wicked Robert felt envious and spitful;
gerieth er in so große Wuth he was falling in so great a fury.
Indem er ihm mancherlei Übles Schuld gab in accusing him of many
faults; in seinem Streben in his endeavouring, streben to endeavour.
Er wendete sich an he applied to, sich wenden an to apply to.
Fridolin sage ihm Böses nach that Fridolin was calumiating the
count. Dieß kam aber daher the cause of it was. Ritt he rode,
reiten to ride; er gedachte he intended, gedenken to intend. Hier
wurde geschmolzen here was smelted, schmelzen to smelt. Brann=
ten were blazing, brennen to blaze; der nimmer sich legen will
never abating, sich legen to abate. Mächtig large, die — warfen
throwing, werfen to throw, und — aussahen wie and looking like,
gebot commanded, gebieten to command. Da fiel ihm jedoch aufs
Neue ein but then he remembered again, er beschloß he determi-
ned, beschließen to determine. Tritt hinein do enter, hineintreten
to enter; denn die Thränen rannen ihr for tears runned, rin=
nen to run. Am Saume desselben stand on the border of it stood,
erklang was sounding, erklingen to sound. Er sank he sunk, sin=
ken to sink. Ja er erschrak nicht einmal he was not even frightened; erschrecken to be frightened. Wies — nach pointed, weisen
nach to point at. Er ist besorgt und aufgehoben as for him, he is
well taken care of. Er ging hinweg he went away, weggehen to
go away. Er ward bleich he grew pale, bleich werden to grow

11 *

pale; nichts anderes nothing else. Wie Alles zusammenhing how all was cohering, zusammenhängen to cohere. Sie trafen an they found; antreffen to find, war gesund geworden was restored to health.

Willhelm Tell.

Aus Becker's Erzählungen.

Es sind etwa fünfhundert Jahre her about five hundred years ago, Namens named. Er ließ gehen he sent, und wo er Jemandem einen Gefallen erzeigen konnte and whenever he could render any one a service, he did not omit it. Nun aber regierte ein Landvoigt — in der Gegend Now there was commanding in that province — a governor. Er behandelte die Leute gar hart he used people very hard. Einst hatte er den Einfall one day he took it into his head, aufstecken to set up. Vor dem sollte Jeder and he ordered, that every man, und harte Strafe (sollte) den treffen, welcher and that with hard punishment should be punished he, who. Dieß erzürnte ihn gar sehr This put him in a great passion. Deßhalb stellte er sich auch — als ob er sie nicht sähe therefore he feigned — not to see it; erlassen to publish. Der sollte Acht geben who should look out. Er rief herbei, um sich Tell's zu bemächtigen he called his companions, in order to seize Tell, denn allein getraute er sich nicht an den kühnen Mann for, as he was a single man, he dared not to seize that bold man, sich getrauen to dare. Er hatte — einen heftigen Groll geworfen he had thrown a vehement grudge on. Eines Tages nämlich Now one day, er befand sich he was, sich befinden to be. Es war ihm berichtet worden he was informed. Hätte ihm hier nichts helfen können would not have been of any avail for him. Ohne ihm Etwas zu Leide zu thun without doing him any injury, als er — den muthigen Tell in seine Gewalt bekommen hatte when the courageous Tell — was at his mercy. Dieß wollte er auch he intended indeed, anfangs at first, es gab there were, es giebt there is, vorstellen remonstrate. Ließ sich — endlich vernehmen at last — was heard saying. Unter einer Bedingung on that condition. Schießt du darüber hinweg if your arrow passes his head; doch wird es dir nicht fehlen but you can not fail of success, das Ziel verfehlen to miss the aim. Schoß er darunter was his arrow hiting a little lower, nun so traf er ja alas than he would have shotten. Lieber wäre Tell selbst gleich auf der Stelle gestorben Tell would have rather died on the spot. Wagstück hasard, seiner bedurfte wanted him. Geschicklichkeit ability, flog flew, fliegen to fly. Schloß in seine Arme embraced him, in die Arme schließen to embrace. Machte ein tückisches Gesicht looked maliciously. Daß dir kein Leid an deinem Leben widerfahren soll that your life shall be spared; den du hervorzogst which you have drawn forth. Zeitlebens for life. Seinem Befehle ward sogleich Folge geleistet his order was immediately put into execution, gefangenhalten to keep in detention. Dorthin führte der Weg The way thither led, führen über to lead over. Sich begeben to go, erreichen arrive at. Es erhob sich rose, sich erheben to rise, hin und her hither and thither. Die Gefahr ward immer größer the danger was increasing every moment. Entledigte man ihn they made him free of. Ersah Tell seinen Vortheil Tell looked out for an escape. Fuhr ihm in die Brust pierced deeply his breast, fahren in to pierce. Ächzen to groan. Schaarten sich zusammen trooped together. In Kurzem in a short time. Noch heute till to-day. Nennen seinen Namen speak out his name.

Sneewittchen.
Aus Grimm's Volksmärchen.

Über ein Jahr after a year, daß sie an Schönheit von Jemand sollte übertroffen werden that she should be excelled in beauty by any body, kehrte sich ihr das Herz im Leibe herum she was seized with rage, laß mir mein Leben spare my life, ein junger Frischling a young wild boar, stach er ihm ab he stuck it, mutterselig allein quite abandoned, und ward ihm so angst and felt so frightened, wie es sich helfen sollte what to do, sprangen an ihm vorbei galloped by, so lange nur die Füße noch fort konnten as long as her feet would carry her, daß es nicht zu sagen ist that it is not to be expressed, aber keins paßte but none fitted, die in den Bergen nach Erz hackten und gruben who were cutting and digging for ore in the mountains, eine kleine Dälle a little hollow place, und beleuchteten Sneewittchen and looked at Snowwhite with the candle, was ist das Kind schön how beautiful the child is, es hätte wollen umbringen lassen had intended to have her killed, der Jäger aber hätte ihm das Leben geschenkt but that the huntsman had spared her life, es soll dir an nichts fehlen you shall want nothing, hüte dich vor deiner Stiefmutter take care of your stepmother, und da sann und sann sie auf's Neue and she was trying again to find

174

out new means, und als sie sich endlich etwas ausgedacht hatte and after having found out at last something, wie eine alte Krä= merin like an old pedlarwoman, und war ganz unkenntlich so that she was quite disguised, wie du aussiehst how strange you look, hatte kein Arg had no suspicion, daß dem Sneewittchen der Athem verging that Snowwhite's breath was stopped, und regte und be= wegte sich nicht and neither moved nor stirred, sie hoben es in die Höhe they lifted her up, und ward nach und nach wieder lebendig and gradually recovered, daß dich zu Grunde richten soll which shall destroy you, und mit Hexenkünsten and with witchcraft, das Ansehn wird doch wohl erlaubt sein I hope there will be no harm in looking at it, da gefiel er dem Kinde so wohl, daß es sich bethören ließ then the child felt so much pleased with it, that she was enticed, dachte an nichts had not suspicion, du Ausbund von Schönheit you paragon of beauty, nun ists nun dich geschehen it is all over with you. Zum Glück fortunately, daß jeder, der ihn erblickte, Lust danach bekam that it excited the appetite of whoever saw it, verkleidete sich in eine Bauersfrau disguised herself like a peasant woman, mir auch recht I do not care, meine Äpfel will ich schon loswerden I shall nevertheless get rid of my apples, fürchtest du dich etwa vor Gift are you perhaps afraid of poison? Sneewittchen lüsterte der schöne Apfel an Snowwhite longed for the beautiful apple, aber es half alles nichts but it was of no use, und verweste nicht and did not decay, daß ein Königssohn in den Wald gerieth that a king's son happened to come into the forest, daß sie über einen Strauch stolperten that they stumbled over a shrub. Und nicht lange, so schlug es die Augen auf and after a little while she opened her eyes, — da stieß das böse Weib einen Fluch aus then the wicked woman swore an oath, daß sie sich nicht zu lassen wußte that she did not know what to do, doch ließ es ihr keine Ruhe but she had no rest, und wurden glühend hereingebracht and were brought in red hot, und durfte nicht auf= hören and was not allowed to cease.

Dornröschen.
Aus Grimm's Volksmärchen.

Vor Zeiten a long time ago, und kriegte immer keins and never got one, da trug sich zu then it happened, daß der König vor Freude sich nicht zu lassen wußte that the king was beside himself with joy, damit sie dem Kinde hold und gewogen würden that they might become favourably disposed towards the child, ließ den Befehl ausgehn sene forth the ordert an dem Mädchen wurden die Gaben der weisen Frauen sämmtlich erfüllt the prophecies of the wise women concerning the maiden were all fulfilled, daß es Jedermann, der es ansah, lieb haben mußte so that every body, who saw her must like her, es ging aller Orten herum she went about every where, der ganze Hofstaat the whole court, weil er etwas versehn hatte because he had done something wrong, in den Haaren ziehn wollte would pull his hair, und darüber hinaus wuchs and grew beyond it, es ging aber die Sage im Lande but there was a saying current in the land, nach langen langen Jahren after many years, ein Schloß sollte dahinterstehn a castle was said to stand behind it, und eines traurigen Todes gestorben wären and had died of a grievous death, der Alte mochte ihm abrathen wie er wollte, er hörte gar nicht darauf however much the old man dissuaded him, he not even listened to him, waren es lauter schöne große Blumen there were nothing but large beautiful flowers, und hinter ihm thaten sie sich wieder als eine Hecke zusammen and behind him they closed as a hedge, daß einer seinen Athem hören konnte that one could hear one's own breath, und sahen einander mit großen Augen an and looked astonished at each other.

Brüderchen und Schwesterchen.
Aus Grimm's Volksmärchen.

Haben wir keine gute Stunde we have no longer a happy moment, geht's besser is better off, mich dürstet I am thirsty, war ihnen nachgeschlichen had sneakingly followed them, ob er gleich so großen Durst hatte though he felt very thirsty, rupfte Binsen, und flocht ein weiches Seil daraus gathered sedges, and made a soft rope of them, und wäre gar zu gern dabei gewesen and should have very much liked to be there ich kann's nicht länger mehr aushalten I can not stand it any longer, und war ihm so wohl and felt so happy, in freier Luft in the open air, der Jäger behielt das alles wohl im Sinn the huntsman remembered all this very well, daß du wieder heil wirst that your wound may heal, die Wunde war so geringe the wound was so slight, daß das Rehchen am Morgen nichts mehr davon spürte that the little deer felt nothing of it on the following morning, so bald soll mich auch

feiner kriegen I am sure they shall not catch me so soon, so
mein ich, ich müßt' aus den Schuhen springen it is as if I should
get mad with joy, aber daß keiner ihm etwas zu Leide thut but
mind that nobody does it any harm, und soll ihm an nichts fehlen
and shall not want any thing, das Rehlein ward gehegt und gepflegt
the little deer was very much petted, und es ihnen so wohl ging
and they were so comfortable, da wurden Neid und Mißgunst
in ihrem Herzen rege, und zwickten und nagten daran then there
arose hatred and envy within her heart and pinched it and kna-
wed at it. Das Glück hätte mir gebührt I ought to have so lucky,
und sprach sie zufrieden and calmed her. Als nun die Zeit herange=
rückt war now when the time had approached, damit aber der
König es nicht merken sollte but in order that the king might not
perceive it, und wollte sehen was sie machte to see how she was
going on, bei Leibe laßt die Vorhänge zu mind you must not open
the curtains, und streichelte ihm über den Rücken and stroked its
back, aber sie getraute sich nicht etwas davon zu sagen but she did
not dare to tell anybody of it. Als nun so eine Zeit vergangen
war after the elapse of some time, da hub die Königin an then
begann the queen, ich will in der nächsten Nacht bei dem Kinde wa=
chen I shall to morrow night sit up with the child, und pflegte
dann des Kindes and nursed then the child, da konnte sich der
König nicht länger zurückhalten then the king could not restrain
himself any longer, ließ sie beide vor Gericht führen had both of
them brought before a court of justice, und wie sie davon verzehrt
war and after being consumed by it.

Aschenputtel.
Aus Grimm's Volksmärchen.

Einem reichen Manne dem ward seine Frau krank the wife of
a rich man fell ill, die schön und weiß von Angesicht waren whose
countenances were beautiful and fair, da ging eine schlimme Zeit
für das arme Stiefkind an there began now a wretched time
for the poor stepchild, muß es verdienen must earn it, zogen ihm
einen grauen alten Kittel an gave her an old grey frock to put
on, lachten es dann aus laughed at her. Obendrein thaten ihm
die Schwestern alles ersinnliche Herzeleid an moreover her sisters
did all in their power to cause her grief, Abends wenn es sich
müde gearbeitet hatte In the evening when she was tired with

working. Es trug sich zu, daß der Vater einmal in die Messe zie= now the father once intended to go to the fair, das hen wollte erste Reis das euch auf eurem Heimwege an den Hut stößt the first sprig, which at your return shall touch your hat, streifte ihn ein Haselreis a twig of a hazeltree touched him, daß es von seinen Thränen begossen ward that it was watered by her tears, was es sich nur wünschte whatever she desired. Es begab sich aber now it happened, waren guter Dinge felt in high spirits, kämm uns die Haare comb our hair, weil es auch gern zum Tanz mitgegangen wäre because she should have liked also to go to the ball, als es noch weiter bat as she continued entreating her, kommt und helft mir lesen come and help me to pick them up, die guten ins Töpfchen, die schlechten ins Kröpfchen the good ones put into the basin, the bad ones into your crop, und ließen sich um die Asche nieder and sat down round the ashes. — Wie eine Stunde herum war, waren sie schon fertig after an hour had passed, they had done their work, und glaubte, nun dürfte es mit auf die Hoch= zeit gehn and thought she would be allowed now to go to the wedding with them, es hilft dir alles nichts it is of no use, und wir müssen uns deiner schämen and we should feel ashamed of you, darauf kehrte sie ihm den Rücken then she turned her back upon her, Bäumchen rüttel dich und schüttel dich move and shake my little tree, und mit Seide und Silber ausgestickte Pantoffeln and slippers embroidered with gold and silver, der Königssohn kam ihm entgegen the kings son came to meet her, er wollte auch mit sonst Niemand tanzen he would not dance with anybody else, es aufzufordern to engage her, sie entwischte ihm aber but she escaped him, damit er das Taubenhaus entzwei schlagen könnte that he might knock to pieces the pigeon house, war geschwind aus dem Taubenhaus hinten herabgesprungen had quickly jumped down from the back of the pigeon house, die schönen Kleider aus= gethan taken off her beautiful clothes, ein noch viel stolze= res Kleid a still more splendid dress, ging ihm nach followed her, wo es hingekommen war what had become of her, und ließ sich die Art holen and had the axe fetched, wie sonst auch as usually, hatte eine List gebraucht had used a trick, und hatte die ganze Treppe mit Pech bestreichen lassen and had ordered the whole staircase to be covered with pitch, an deren Fuß, dieser goldene Schuh paßte whose foot the golden slipper should fit,

178

und wollte ihn anprobieren and was going to try it, so brauchst
du nicht mehr zu Fuß zu gehen you need no longer go on foot,
verbiß den Schmerz suppressed the pain, sie mußten aber an dem
Grabe vorbei they were obliged to pass by the grave, rucke di guck
turn round and look, wie das Blut herausquoll how the blook
gushed out, und an den weißen Strümpfen ganz roth heraufgestiegen
war and had come up in the white stockings, das ist auch nicht
die rechte neither is that the right one, verbuttetes little puny
das darf sich nicht sehen lassen she must not show herself before
people, er wollte es aber durchaus sehn but he insisted upon seeing
her, nun streifte es ab now she took off, als wäre er ihm ange=
gossen as if made on purpose for her, wollten sich einschmeicheln
und Theil an seinem Glück nehmen would ingratiate themselves
and share her prosperity, auf ihr Lebtag bestraft punished for life.

Frau Holle.
Aus Grimm's Volksmärchen.

Sie hatte viel lieber she liked much more, da trat es fleißig
herzu then she set cheerfully to work, so soll dir's gut gehn you
shall be well treated, und es fleißig aufschüttelst and shakest it
up well, weil die Alte ihm so gut zusprach since the old woman
spoke so kindly to her, und begab sich in ihren Dienst and entered her service, es besorgte auch alles nach ihrer Zufriedenheit she
did every thing to her satisfaction, hatte es auch ein gut Leben
bei ihr she was well treated by her, kein böses Wort was never
scolded, ich habe den Jammer nach Haus kriegt I am homesick, und
wenn es mir auch noch so gut hier geht and however well treated
I may be here, es gefällt mir I like, befand sich oben auf der
Welt was on the upper world, da hätt ich Lust mich schmutzig zu
machen I do not desire to get dirty, Du kömmst mir recht what
do you mean, fürchtete sie sich nicht she was not afraid, und ver=
dingte sich gleich zu ihr and immediately entered her service, am
ersten Tage that sie sich Gewalt an on the first day she worked
though reluctantly und folgte der Frau Holle and obeyed Mrs
Holle, zu faullenzen to get lazy, das ward die Frau Holle bald
müde Mrs Holle soon got tired of it, und sagte der Faulen
den Dienst auf and gave warning to the lazy one, die war es
wohl zufrieden she gladly accepted it, das ist zur Belohnung deiner
Dienste take that as a reward for your services.

Die kluge Else.

Aus Grimm's Volksmärchen.

Die hieß die kluge Else who was called the clever Else,
wenn nur einer käme, der sie haben wollte if only some body would
come, who would have her, endlich kam von weither einer at last
there came a man from afar, die hat Zwirn im Kopfe she is
very clever, damit ihr die Zeit ja nicht lang würde to beguile the
time, als sie unten war when she was down stairs, und ihrem
Rücken etwa nicht wehe thäte, und unverhofften Schaden nähme so
that she might not hurt her back and be injured uncuspectedly,
dann that sie die Kanne vor sich then she placed the jug before
her, wollte sie doch ihre Augen nicht müssig lassen she would not
allow her eyes to remain idle, und sah oben an die Wand hin=
auf, und erblickte nach vielem Hin= und Herschauen eine Kreuzhacke,
welche die Maurer da aus Versehen hatten stecken lassen looked up
to the wall, and after having much looked to and fro, she perceived just above her head a pick axe, which the masons by
mistake had left there, wenn ich den Hans kriege if I get Hans,
daß es soll hier Bier zapfen to draw beer here, und schlägt's todt
and kills it, und weinte aus Leibeskräften über das bevorstehende
Unglück and wept bitterly at the coming misfortune, warteten auf
den Trank waited for the draught, was haben wir für eine kluge
Else what a clever Else we have got, und die droben durstig
nach dem Trank waren and those up stairs felt very thirsty, was
weint ihr denn pray, what are you weeping for, und fand alle
drei im Wehklagen and found all three lamenting, daß das Kind
der Else schuld wäre that Else's child was the cause of all this,
wenn es gerade zur Zeit, wo sie herabfiele, darunter säße if she should
happen to sit underneath just at the time it should fall down,
sie werden unten auf dich warten they probably wait for you down
stairs, und sehn was sie vorhaben and look what they are about,
daß es liegen bleibt and remain on the spot, mehr Verstand ist für
meinen Haushalt nicht nöthig more cleverness I do not require for
my household, packte sie took hold of her, und hielt Hochzeit mit ihr
and their wedding took place, machte sie einen guten Brei she
made a good porridge, und als sie dick satt war and after having
eaten her fill, ein Vogelgarn a birds net, und ward irre and began to doubt, die werden's ja wissen I am sure they will know

it, und sie konnte nirgends unterkommen and she could nowhere find a shelter.

Schneeweißchen und Rosenroth.
Aus Grimm's Volksmärchen.

Hatten einander so lieb loved each other so much, kein Un-fall traf met with no accident, hatte ihrentwegen keine Sorgen felt no anxiety about them, besorgte das Haus took care of the household, schieb den Riegel vor bolt the door, es wird ein Wandrer sein it is probably a traveller, und gieb nur Acht only take care, kehrten rein swept clean, und trieben Muthwillen and played their childish tricks, und schlugen auf ihn los and whipped him, ließ sich's gerne gefallen goodnaturedly submitted to it, wenn sie es gar zu arg machten but when they teased him too much, laßt mich am Leben spare my life. So bald der Tag graute as soon as it began to dawn, von nun an from this time, Kurzweil mit ihm zu trei-ben to carry on their passtime, es war seiner Sache nicht ganz ge-wiß she was not quite sure of it, er glotzte an he stared at, habe ich mir spalten wollen I intended to split, das unser einer braucht that a man like myself wants, der nicht so viel hinunterschlingt who does not devour so much, und es wäre alles nach Wunsch ge-gangen and every thing would have gone at their wish, pfui, was seid ihr garstig fi, how ugly you are. Wer wird gleich Leute herbeiholen u. s. w. don't be so hasty in calling for assistance, ungehobeltes Volk what a rude set of people you are, lohn's euch der Guckuck no thanks for it, ohne die Kinder nur noch einmal an-zusehn without even looking at the children again, du willst doch nicht in's Wasser I hope you are not jumping into the water, zwar hielt er sich an allen Halmen und Binsen fest it is true, he got hold of all the reeds and sedges, aber es half nichts but it was of no avail, loszumachen to disengage, fest in einander verwirrt much entangled, es blieb nichts übrig there was no other remedy left, dabei ging verloren in doing so they lost, ihr Lorche, einem das Gesicht zu schänden you wretches, thus to disfigure me, unten abgestutzt habt have cropt (the lower part) of it, ich darf mich vor den Meinigen nicht sehen lassen I dare not show my face at home, daß ihr laufen müßtet und die Schuhsohlen verloren hättet I wish you to run till you drop, und zerrten sich so lange herum and were struggling so long, konntet ihr nicht säuberlicher mit mir um-

geßn you might well have (treated) handled me less roughly,
unbehelfenes und täppisches Gesindel, das ihr seid what an awkward
clumsy set you are, was steht ihr und habt Maulaffen feil why
stand you gaping there, was habt ihr an mir kleinen schmäch=
tigen Kerl of what use would such a lean little wretch he to
you? kümmerte sich nicht um did not listen to him.

Der treue Johannes.
Aus Grimm's Volksmärchen.

Wo er sich nicht immer zu rathen weiß where he can not always advise himself, davor sollst du ihn bewahren against that you
ought to guard him, die Hand darauf gegeben hatte had faithfully
promised it (by shaking hands with him), es könnte dir und mir
zu großem Unglück ausschlagen for it might turn out a great misfortune both to me and to thee, was will daraus werden what
will become of it, mein Leben setze ich daran I risk my life, wie
es anzufangen wäre how it might be done, es hielt schwer it caused some difficulty, mußte ein Gleiches thun must do the same,
daß er unkenntlich war that he was not to recognized, ist nichts
gegen das is nothing compared with that, dazu gehören viele Tage
that would require many days, und hieß das Schiff abstoßen and
ordered the vessel to push off the shore, daß das Schiff dahin
fuhr that the ship was sailing along, lieber wollt ich sterben I
would rather die, das ist aus übergroßer Liebe geschehn my intense
love for you caused me to do it, er hat sie noch nicht he does
not possess her yet, ihm entgegen springen will galloping towards
him, da wird er sich aufschwingen wollen then he will wish to
mount it, verbrennt es ihn bis auf Mark und Knochen it will burn
him to the very bones, und sollt ich selbst darüber zu Grunde gehn
and if it should be my own ruin, es sprengte daher it gallopped
along, kam ihm zuvor prevented it, schwang sich schnell darauf
quickly mounted it, wenn du dein liebstes daran wenden willst if
you will sacrifice what you value most.

Die Neugierige.
Lustspiel von Ida Kannegießer.

Sonst liest sie ihn for fear she might read it, sie ist sonst so
gut she is in other respects so kind, ich hatte es mir so schön ge=
dacht I had arranged matters so well, aber ganz flüchtig but only

slightly, ich möchte mich nach dem Nähern bei dir erkundigen I might
inquire of you the further particulars, jetzt geht mir ein Licht auf
now I see clearly, hat sie so viel Schelte bekommen she has been
scolded so much, sie nahm es sich auch ernstlich vor she had ear-
nestly made up her mind, machte aufmerksam pointed out, zu
Schulden kommen lassen are guilty of, gewiß nicht aufmerksam ge=
macht worden have not had their attention directed to it. Was
mögen solche Leute nicht für Verdrießlichkeiten haben What annoyan-
ces such people must have, aus bösem Herzen out of wickedness,
was soll denn aber daraus werden but what shall become of all
this, ich muß auch gleich wieder hin I must return there immediately, sie fühlt sich getroffen she feels she is meant, Anna'n den
Fehler abzugewöhnen to correct Anna of this fault, das letztere
wollen wir bleiben lassen we certainly shall not do the latter, Laß
doch hören, wie du es anstellen willst now let us hear how you intend doing it, den Fehler abzulegen to rid herself of that fault,
einen kauderwelschen Brief an unintelligible letter, dazu ist sie viel
zu klug she is to cunning for that, wird nichts aus der Besserung
there is no chance of amendment, Meinetwegen, thu, was du willst
I do not care, do what you like, es wird mir schon etwas bei=
fallen I shall find out something by and by, ihr dein Gekritzel
andeuten explain to her your scribbling, o dafür laß mich nur
sorgen oh I shall take care of that, ich bin gleich fertig I shall
have done immediately, so quält sie sich noch dazu moreover she
torments herself, Ist es dir unlieb do you not like it, Mein Be=
such gilt dir eben so sehr my visit was equally intended for you.
Du hast ihn dir gewiß sehr genau angesehn I am sure you have
examined it, very closely, du sagtest mir aber doch eben but you
told me just now, und da ist es am Ende gleich and it is quite
immaterial after all, was die sich zu schreiben haben I should like
to know, what they have to write to each other, was du dir
denkst what strange ideas you have, rechte Kindereien nothing but
childish nonsense, mich reuet mein Spaß I repent of my joke,
mich hat es ja den ganzen Morgen beunruhigt I have felt uneasy
about it the whole morning, Wo sie ihn nur haben mag I should
like to know, where she has put it. Die Unterschrift werde ich
mir wohl ansehen dürfen I hope, there is no harm in looking at
the signature, ich möchte gar zu gern wissen I should very much
like to know, ich will nur von dem Inhalte auf den Namen schlie=

ßen, I will only find out the name by the contents, Wenn mir
nur das Jemand ausdeuten könnte I wish some body would explain this to me, in solchen Sprachen bewandert expert in such
languages, wenn ich nur in aller Welt wüßte if for the world I
could only find out means, nun wird es sich schon machen laffen
now I hope we shall manage it, wenn fie eben damit fertig ift
after having just finished it, fonft hätte ich dir es gewiß aufgetragen otherwise I should have told you, dann geht es auch zu
Tifche then we shall have dinner, ich habe fo noch etwas mit dir
zu befprechen besides I have something to talk over with you,
du kannft es ja wohl I hear you can, du wirft mir bei deiner Ge-
lehrfamkeit zu Hülfe kommen I trust you will be kind enough to
assist me with your knowledge, woher haft du es denn pray
where did you get it from? es kömmt mir beinahe wie hebräifch
vor it almost looks to me like hebrew, Ach, ich dächte gar pooh,
nonsense, frage ich danach I enquire about, fagte ich es dir gar zu
gern I should feel most happy to tell you, die Suppe wird fo-
gleich aufgegeben The soup will he served immediately, was habt
ihr denn vor pray what is going on? Ei, Agathe'n können wir es
wohl mittheilen why I think we might tell Agathe of it. Was
ift dir Anna? what is the matter with you Anne, überliefert caught,
wollte fie fich fo lange mit der Abfchrift herumtragen she would carry
about the copy with her, until, zu welchem Vergehn reißt die Neugier hin? To what crime does curiosity lead you, werde ich mich
diefes abfcheulichen Fehlers nicht wieder fchuldig machen I shall never
be guilty again of so great a fault, ich fchäme mich gar zu fehr,
ich mag euch gar nicht anfehn I feel so ashamed of it, that I dare
not look into your face.

Der Mittag auf dem Königsfee.
Von Friedrich Jakobs.

Und nimmt in feinem Spiegel das Bild u. f. w. and its mirror
reflects the picture of the majestic scenery around, zarte Bäche
niederraufchen gentle brooks flow down, und gönnen and allow, rafenbekleidete Schluchten deed valleys covered with turf,
fchrack heftig zufammen was greatly frightened, pfeilgerade as straight
as au arrow, entfchwebte unferm Gefichtskreife vanished from our
sight, wo es dann wohl gefchehe and on such an occasion it so-
metimes happened, und Äzung erwartend and waiting for food,

bie ihren Jungen zu Hülfe eilten which hastened to the assisstance
of their young ones, Halben Meadow, wie es zu geschehen pflegt
as it commonly happens, insgesammt alltogether, Anstrich out-
ward appearance, mit nichten not at all, zwar nicht eben größer an
Wuchs though not exactly larger in size, vor allen Dingen herz=
hafter abouve all more courageous, und nun gar der Alpenjäger
and especially the hunter of the alps, der kennt die Furcht kaum
dem Namen nach he scarcely knows what fear is by name, zu=
bringen muß must pass, ich will gar nicht in Anschlag bringen I
shall not even mention, zum Schuß zu bekommen to get a cha-
mois within range, heraufschleichen cautiously advance, um endlich
der erhofften Beute Herr zu werden to get at last hold of the wis-
hed for booty, Ranzen und anderes Zubehör knapsack with other
necessaries, verschmähe refuse, daß sein Leben auf dem Spiele steht
that his life is at stake, angemessen ist is in accordance, aller=
dings indeed, und das reichte nicht immer hin and that was not
always sufficient, um geringen Gewinns willen for the sake of a
trifling gain, das mir in die Augen fiel that struck me, wobei ein
elfjähriger Knabe u. s. w. at which a boy of eleven years of age
assisted, die mir obliegen würden which I ought to perform, ein
Gespräch im Gange a conversation was going on, ganz wohlge=
muth quite cheerfully, raffte sich unverzüglich wieder auf got up
immediately, und lief spornstreichs and ran quickly, und morgen
ist auch ein Tag to morrow I hope, I shall get you, wie gleich
jetzt bei mir zum Einreiben just a I use them for ointment, dafür
bewaffnete ich mich to make up for it, I armed myself, und im
Grunde ist es auch gut and it is well after all, wurde ich gewahr
I perceived, Backe sandy rock, hervortrat projected, in Empfang
nehmen receive, ich that desgleichen. I did the same, der Junge
führt einen guten Hieb the boy strikes a good blow, kein alltägli=
cher Bär no common bear, trug sich zu happened, an Übung in
Gefahren fehlt es aber auch dort nicht neither is there any want
of perilous practices, mir ist wunderlich zu Muthe I feel uncomfortable, ich bin auch dabei, I am of the same opinion, mir hat
diese Nacht wunderliches Zeug geträumt I have dreamt strange things
last night, ob sie gleich einmal über das andere though they repea-
tedly, und was hätte ihnen auch der höchste Baum geholfen and
what would availed them the highest tree, die Mutter stürbe vor
Gram the mother would die with grief, der am hitzigsten voraus=

185

gelaufen ist who has been running on most eagerly, ohne doch
zu schreien without screaming however, hätte sich der andere nicht
blitzschnell aufgerafft if the other had not got up with the swift-
ness of lightning, es waren gar zu hübsche, fromme Knaben they
were indeed very pretty gentle boys, führte noch einige andere Er=
zählungen verwandter Art herbei led to other stories of a similar
kind, so wehr= und waffenlos er ist however unarmed he may be,
galt für was considered, as, gab dem Vater nur wenig nach yuil-
ded but little to his father, ob er sich gleich um nichts zu beküm=
mern schien although it seemed as if he did not listen to it,
von Mutterleibe an from his birth, sobald er von der Muttermilch
entwöhnt war as soon as he had been weaned, weil er eine Dumm=
heit gemacht because he had done something wrong, er war außer
sich he was besides himself, und das Bramsegel eintreffe reef the
topsail, wie er mich ansichtig wird in perceiving me, wie närrisch vor
Freuden quite beside him self with joy, und wir hörten ihm alle gern
zu and we all liked to listen to him, dem man das französische Blut
in jeder Bewegung ansah every motion of whom showed her french
origin, der sich viel mit dem Kinde abgab who took notice of the
child, nicht beider Hand war was not there, kopfwärts head foremost,
der ihm so unerwartet den Weg verlegt who so unexpectedly stops
its progress, reißt ihn von einander tears him to pieces.

Die Zigeunerin.

Siebenbürgen Transylvania, eine Zigeunerin a gipsy woman,
ließen sich von ihr wahrsagen had their fortune told by her, und
ob ich gleich ihrer Leichtgläubigkeit spottete and though I laughed at
their credulity, hielt ich dennoch auch hin I nevertheless stretch my
hand, Strapatzen fatigues, im Kopfabschneiden mit einander wetteiferten
rivalized with each other in cutting off heads, es verging selten
eine Nacht there passed seldom a night, daher kam es denn auch
for this very reason, wenn man die Vorposten ablösen wollte when
they were to relieve the outposts, die Kopfärndten the harvest
of heads, so mißlich so dangerous, die Lage der Dinge this state
of affairs, umzukommen to be killed, etwas von meinen Habselig=
keiten zu vermachen to leave her by will some of my effects, mit
dem Beifügen adding, sie sich ihrerseits verpflichten wollte she in her
turn would pledge herself, einen Korb voll Tokayer a hamper fil-
led with Tokay wine, setzte ich I staked, die Reihe war zwar wohl

12

an unserm Regimente though it was our regiments turn, die Nacht=
wache zu geben to send out the night patrol, als sein Pferd sich
bäumte when his horse reared, daß mir etwas sonderbar zu Muthe war
that I felt rather uncomfortable, nicht vom Pferde zu steigen not
to dismount, Stutzbüchsen a short rifle, ausgezogen undressed, wo=
durch mein Bein frei ward in consequence of which my leg was
disengaged, hinkriechen konnte could dray myself, schlich in das
Schilf hinein crept unperceived into the reeds, aufgehalten wea-
kened, von riesenmäßiger Gestalt of a gigantic figure, von Opium
berauscht intoxicated with Opium, meine Montur my uniform, ge=
hört ohnehin mir belongs besides to me, knüpfte die Binde los un-
tied the strap, mich nicht auf den Gedanken gebracht hätte had not
suggested to me the idea, aus allen Leibeskräften with all my
might, versetzte gave, er schwankte he staggered, was ihr bedeutende
Sporteln abgeworfen hatte by which she had got very goot fees,
etwas Übernatürliches something supernatural, Überläufer deserters,
was bei uns vorging Bericht abstattete reported every thing that happened in our camp, statt eines Laufpasses in lieu of a passport,
als sich die Aussage der Servier bestätigt fand when the report of
the Servians was confirmed, befragte ich sie über die bewußte Pro=
phezeihung I asked her concerning the well known prophecy, um
ihr Ansehen zu vermehren in order to obtain more credit, vorher=
gesagt predicted, die möglichste Kundbarkeit gegeben given the grea-
test possible publicity, bewegen zu können to he able to induce,
angemachten Weines of drugged wine, Zunder tinder, zu schieben
to introduce, oben beschriebene above described.

Wann die Noth am größten ist Gott am nächsten.
Aus W. Stern's Lesebuche.

Machte zuletzt auch ihm fühlbar but at last it felt also, und
zog auch jenes Handelshaus in seine Verluste mit and its losses af-
fected likewise that firm, dagegen on the other hand, die gang=
barste Waare and the most salable merchandize, kamen sie dahin
überein they agreed about it, lasset es euch nicht anfechten be not
uneasy about it, alle Wimpel flaggten all colours were flying,
seine volle Amtstracht als Rathsherr his full official dress as town
councellor, seine Zahlungsunfähigkeit his insolvency, hatten sich noch
verschlimmert had become still worse, da drangen die schon durch
die bewilligte Frist erbitterten Gläubiger so ungestüm auf die strenge

Vollziehung des Gesetzes, und die Versteigerung aller ihrem Schuld=
ner gehörigen Sachen, daß die Obrigkeit dem Rechte seinen Gang
lassen mußte then his creditors exasperated at the long respite
they had granted, demanded so imperiously the immediate putt-
ing into execution of the law, and the sale of every thing
belonging to their debtor, that the authorities were obliged to
yield, and let justice have its course, des Wirths zum Westin=
dienfahrer of the keeper of an hotel, called the Westindiaman.

Die Schlacht bei Zorndorf.
Von Archenholz.

Durch den Anblick der alles beraubten herumirrenden Flüchtlinge
auf's lebhafteste gerührt deeply moved at the sight of the roaming
about fugitives, stripped of every thing, dem Feind den Rückzug
zu hemmen to oppose the enemys retreat, dabei aber doch dem Kö=
nige bei einem widrigen Schicksal der Rückzug nach Küstrin frei blieb
but so that in case of disaster there was left to the king a
retreat to Custrin, in schiefer Schlachtordnung gestellt placed in a
oblique line of battle, da sie der Armee sowohl zum Angriff, als
zur Vertheidigung alle Thätigkeit raubt as it deprives the army of
every activity for attack as well as for defence, die Pferde ris=
sen mit ihren Wagen aus the horses ran away with their wag-
gons, daß er eine Flanke los gab that it exposed a flank, aus
dem Felde zu schlagen to rout, warf die russische über den Haufen
routed the russian cavalry, die auf eine ähnliche Abfertigung in's
Reich der Schatten zu warten schienen who seemed to wait for being
despatched in a similar manner to the other world, in die Flucht
zu schlagen to put to flight, viele hauchten besoffen die Seele aus
many of them breathed their last in a state of drunkenness, hielt
ein heftiges Musketen und Kartätschenfeuer aus with stood a terrific
fire of grapeshot and musketry, waren beständig im Vorrücken ge=
blieben had been continually advancing, aber dieser Mordlust wurde
bald gesteuert but this rage for butchering was soon put a stop to.

Die gute Mutter.
Von Hebel.

Was sie auf den Weg getrieben hatte which had induced her
to set out, parthieenweise in groups, und feiner Bildung and refi-
ned exterior, gab ihm wenig Gehör darauf did not much listen to

12 *

him, da konnte sie sich nicht mehr halten vor inwendiger Bewegung
then she could no longer master her great emotion, schwammen
in einander commingled.

Nachbarliche Freundschaft.
Von Hebel.

Trotzig insolently, trug ihm nach Verlangen auf served him
accordingly to his order, anständig wäre would be agreable, nach=
dem er sich's hatte wohlschmecken lassen after having enjoyed his
meal, was soll das heißen? what do you mean by that? Seid
ihr mir nicht einen Thaler schuldig? do you not owe me a dollar?
ein durchtriebener Schalk a cunning fellow, ein Zehnbatzenstück dazu
forty Kreutzers in the bargain, und sie einander gern u. s. w. because they tried to injure each other, in every possible manner,
und eben er ist's der and it is he who.

Der Bredil.
Von Karl Stöber.

Sie nahmen sich an dem leichten Fahrzeug sonderbar aus they
presented a strange appearance before the light cart, ein saft=
grünes Gewand von Matten und Zwergtannen a sapgreen robe of
meadows and dwarffirs, verschnaufen zu lassen to let breathe, in
den schlimmen Kriegsläuften der neunziger Jahre during the unhappy
war of 1790, lachten in die Faust rejoiced secretly, wir wußten
wohl einen though we knew one, nur einen unter uns blendete der
gelbe Mammon only one of us felt dazzled at the sight of the
gold, und die Läufe hoch richten aim high, kamen in hellen Haufen
heran approached in crowds, Unstät und flüchtig sollst du sein auf
Erden a fugitive and a vagabond shalt thou be in the earth.

Der Krieg.
Von F. Jakobs.

Seine heitere Bildung gefiel Jedermann every body was pleased with his prepossessing exterior, Landwirthschaft trieb was far-
ming, damit es uns wohlginge in order that we might be well
off, wußten sie es uns doch keinen Dank they did not show any
gratitude for it, das Unglück habe ihr geahnet, das uns bevorstund
that she had been foreboding of the misfortune which was to
happen, Der Knabe hielt bei diesen Worten inne the boy stopped

here, bis ihr die Stimme verging until her voice failed her,
und kümmerten sich nicht weiter um uns and no longer cared
for us, unser Haus lag einzeln our house stood isolated, Endlich
kam es mir vor, als ob meine Mutter wieder Athem holte at last it
seemed to me, as if my mothnr began to breathe again, sie schlug
die Augen auf she opened her eyes, raffte sich auf got up, denn
es war Niemand verschont geblieben for no body had been spared,
wo wir uns hinwenden sollten where to direct our steps to, wie
lieb mein Vater das treue Thier gehabt hatte how much my father
had liked the faithful animal, weil wir der armen Frau zur Last
fielen because we were burdens to the poor woman, seid nur ge=
trost be of good cheer, so seid ihr eine Sorge los thus you will
be rid of one care, schickte mich zur Reise an prepared for the
journey. Da ich auf meinem Vorhaben bestund as I insisted upon
my will, ich habe mir schon einiges erspart I have already saved
a little.

Hogarth und Fielding.

Ohne daß man ihn dazu bewegen konnte sich malen zu lassen
without that people could induce him of having his picture taken, wo ich mich ein wenig sammeln kann where I may collect myself a little, hatte nie an Gespenster geglaubt had never believed
in ghosts, und dennoch konnte er sich nicht ausreden and yet he
could not dissuade himself, leibhaftig vor ihm steht who stands in
proper person before him, und hat das Glück ihn zu treffen and
succeeds in obtaining a perfect likeness, entging dem Komödian=
ten ein lautes Gelächter the comedian burst out with laughter.

Poesie.

Der König in Thule.

Von Göthe.

Es war ein König in Thule
Gar treu bis an das Grab,
Dem sterbend seine Buhle
Einen goldnen Becher gab.

Es ging ihm nichts darüber,
Er leert ihn jeden Schmaus;
Die Augen gingen ihm über,
So oft er trank daraus.

Und als er kam zu sterben,
Zählt' er seine Städt' im Reich,
Gönnt' alles seinem Erben,
Den Becher nicht zugleich.

Es saß beim Königsmahle,
Die Ritter um ihn her,
Auf hohem Väter = Saale
Dort auf dem Schloß am Meer.

Dort stand der alte Zecher,
Trank letzte Lebensgluth,
Und warf den heiligen Becher
Hinunter in die Fluth.

Er sah ihn stürzen, trinken
Und sinken tief ins Meer,
Die Augen thäten ihm sinken,
Trank nie einen Tropfen mehr.

Ritter Toggenburg.
Von Schiller.

Ballade.

„Ritter, treue Schwesterliebe
   „Widmet Euch dieß Herz.
„Fordert keine andre Liebe,
   „Denn es macht mir Schmerz.
„Ruhig mag ich Euch erscheinen,
   „Ruhig gehen sehn.
„Eurer Augen stilles Weinen
   „Kann ich nicht verstehn.“

Und er hört's mit stummem Harme,
   Reißt sich blutend los,
Preßt sie heftig in die Arme,
   Schwingt sich auf sein Roß,
Schickt zu seinen Mannen allen
   In dem Lande Schweiz;
Nach dem heil'gen Grab sie wallen,
   Auf der Brust das Kreuz.

Große Thaten dort geschehen
   Durch der Helden Arm;
Ihres Helmes Büsche wehen
   In der Feinde Schwarm,
Und des Toggenburgers Name
   Schreckt den Muselmann;
Doch das Herz von seinem Grame
   Nicht genesen kann.

Und ein Jahr hat er's getragen,
    Trägt's nicht länger mehr,
Ruhe kann er nicht erjagen
    Und verläßt das Heer,
Zieht ein Schiff an Joppe's Strande,
    Das die Segel bläht,
Schiffet heim zum theuren Lande,
    Wo ihr Athem weht.

Und an ihres Schlosses Pforte
    Klopft der Pilger an,
Ach, und mit dem Donnerworte
    Wird sie aufgethan:
„Die Ihr suchet, trägt den Schleier,
    „Ist des Himmels Braut,
„Gestern war des Tages Feier,
    „Der sie Gott getraut."

Da verläſſet er auf immer
    Seiner Väter Schloß,
Seine Waffen sieht er nimmer,
    Noch sein treues Roß.
Von der Toggenburg hernieder
    Steigt er unbekannt,
Denn es deckt die edeln Glieder
    Härenes Gewand.

Und er baut sich eine Hütte
    Jener Gegend nah,
Wo das Kloster aus der Mitte
    Düstrer Linden sah;
Harrend von des Morgens Lichte
    Bis zu Abends Schein,
Stille Hoffnung im Gesichte,
    Saß er da allein,

Blickte nach dem Kloster drüben,
  Blickte Stunden lang
Nach dem Fenster seiner Lieben,
  Bis das Fenster klang,
Bis die Liebliche sich zeigte,
  Bis das theure Bild
Sich ins Thal herunter neigte,
  Ruhig, engelmild.

Und dann legt er froh sich nieder,
  Schlief getröstet ein,
Still sich freuend, wenn es wieder
  Morgen würde seyn.
Und so saß er viele Tage,
  Saß viel' Jahre lang,
Harrend ohne Schmerz und Klage,
  Bis das Fenster klang,

Bis die Liebliche sich zeigte,
  Bis das theure Bild
Sich ins Thal herunter neigte,
  Ruhig, engelmild.
Und so saß er, eine Leiche,
  Eines Morgens da.
Nach dem Fenster noch das bleiche,
  Stille Antlitz sah.

Der Handschuh.
Von Schiller.

Erzählung.

Vor seinem Löwengarten,
Das Kampfspiel zu erwarten,
Saß König Franz,
Und um ihn die Großen der Krone,

Und rings auf hohem Balcone
Die Damen in schönem Kranz.

Und wie er winkt mit dem Finger,
Auf thut sich der weite Zwinger,
Und hinein mit bedächtigem Schritt
Ein Löwe tritt
Und sieht sich stumm
Rings um
Mit langem Gähnen
Und schüttelt die Mähnen
Und streckt die Glieder
Und legt sich nieder.

Und der König winkt wieder —
Da öffnet sich behend
Ein zweites Thor,
Daraus rennt
Mit wildem Sprunge
Ein Tiger hervor.
Wie der den Löwen erschaut,
Brüllt er laut,
Schlägt mit dem Schweif
Einen furchtbaren Reif
Und recket die Zunge,
Und im Kreise scheu
Umgeht er den Leu,
Grimmig schnurrend;
Drauf streckt er sich murrend
Zur Seite nieder.

Und der König winkt wieder —
Da speit das doppelt geöffnete Haus
Zwei Leoparden auf Einmal aus.
Die stürzen mit muthiger Kampfbegier

Auf das Tigerthier;
Das packt sie mit seinen grimmigen Tatzen,
Und der Leu mit Gebrüll
Richtet sich auf, da wird's still;
Und herum im Kreis,
Von Mordsucht heiß,
Lagern sich die gräulichen Katzen.

Da fällt von des Altans Rand
Ein Handschuh von schöner Hand
Zwischen den Tiger und den Leun
Mitten hinein.

Und zu Ritter Delorges, spottender Weis',
Wendet sich Fräulein Kunigund:
„Herr Ritter, ist Eure Lieb' so heiß,
Wie Ihr mir's schwört zu jeder Stund',
Ei, so hebt mir den Handschuh auf!"

Und der Ritter, in schnellem Lauf,
Steigt hinab in den furchtbar'n Zwinger
Mit festem Schritte,
Und aus der Ungeheuer Mitte
Nimmt er den Handschuh mit keckem Finger.

Und mit Erstaunen und mit Grauen
Sehen's die Ritter und Edelfrauen,
Und gelassen bringt er den Handschuh zurück.
Da schallt ihm sein Lob aus jedem Munde,
Aber mit zärtlichem Liebesblick —
Er verheißt ihm sein nahes Glück —
Empfängt ihn Fräulein Kunigunde.
Und er wirft ihr den Handschuh ins Gesicht:
„Den Dank, Dame, begehr' ich nicht!"
Und verläßt sie zur selben Stunde.

Das Blümchen Wunderhold.

Von Bürger.

Es blüht ein Blümchen irgend wo
In einem stillen Thal,
Das schmeichelt Aug' und Herz so froh,
Wie Abendsonnen=Strahl.
Das ist viel köstlicher, als Gold,
Als Perl' und Diamant.
Drum wird es „Blümchen Wunderhold"
Mit gutem Fug genannt.

Wohl sänge sich ein langes Lied
Von meines Blümchens Kraft,
Wie es am Leib und am Gemüth
So hohe Wunder schafft.
Was kein geheimes Elixir
Dir sonst gewähren kann,
Das leistet traun! mein Blümchen dir,
Man säh' es ihm nicht an.

Wer Wunderhold im Busen hegt,
Wird wie ein Engel schön.
Das hab' ich, inniglich bewegt,
An Mann und Weib gesehn.
An Mann und Weib, alt oder jung,
Zieht's, wie ein Talisman,
Der schönsten Seelen Huldigung
Unwiderstehlich an.

Auf steifem Hals ein Stretzerhaupt,
Das über alle Höhn
Weit, weit hinaus zu ragen glaubt,
Läßt doch gewiß nicht schön.

Wenn irgend nun ein Rang, wenn Gold
Zu steif den Hals dir gab,
So schmeidigt ihn mein Wunderhold,
Und biegt dein Haupt herab.

Es webet über dein Gesicht
Der Anmuth Rosenflor;
Und zieht des Auges grellem Licht
Die Wimper mildernd vor.
Es theilt der Flöte weichen Klang
Des Schreiers Kehle mit,
Und wandelt in Zephyrengang
Des Stürmers Poltertritt.

Der Laute gleicht des Menschen Herz,
Zu Sang und Klang gebaut,
Doch spielen sie oft Lust und Schmerz
Zu stürmisch und zu laut:
Der Schmerz, wann Ehre, Macht und Gold
Vor deinen Wünschen fliehn,
Und Lust, wann sie in deinen Sold
Mit Siegeskränzen ziehn.

O wie dann Wunderhold das Herz
So mild und lieblich stimmt!
Wie allgefällig Ernst und Scherz
In seinem Zauber schwimmt!
Wie man alsdann nichts thut und spricht,
Drob Jemand zürnen kann!
Das macht, man trotzt und strotzet nicht,
Und drängt sich nicht voran.

O wie man dann so wohlgemuth,
So friedlich lebt und webt!
Wie um das Lager, wo man ruht,
Der Schlaf so segnend schwebt!

Denn Wunderhold hält Alles fern,
Was giftig beißt und sticht;
Und stäch' ein Molch auch noch so gern,
So kann und kann er nicht.

Ich sing', o Lieber, glaub' es mir,
Nichts aus der Fabelwelt,
Wenn gleich ein solches Wunder dir
Fast hart zu glauben fällt.
Mein Lied ist nur ein Wiederschein
Der Himmelslieblichkeit,
Die Wunderhold auf Groß und Klein
In Thun und Wesen streut.

Ach! hättest du nur die gekannt,
Die einst mein Kleinod war, —
Der Tod entriß sie meiner Hand
Hart hinter'm Traualtar,
Dann würdest du es ganz verstehn,
Was Wunderhold vermag,
Und in das Licht der Wahrheit sehn,
Wie in den hellen Tag.

Wohl hundert Mahl verdank' ich ihr
Des Blümchens Segensflor.
Sanft schob sie's in den Busen mir
Zurück, wann ich's verlor.
Jetzt rafft ein Geist der Ungeduld
Es oft mir aus der Brust.
Erst wenn ich büße meine Schuld,
Beren' ich den Verlust.

O was des Blümchens Wunderkraft
Am Leib und am Gemüth
Ihr, meiner Holdinn, einst verschafft,
Faßt nicht das längste Lied! —

13

Weil's mehr, als Seide, Perl' und Gold,
Der Schönheit Zier verleiht,
So nenn' ich's „Blümchen Wunderhold"
Sonst heißt's — Bescheidenheit.

Das Schloß am Meer.

Von Uhland.

Hast du das Schloß gesehen,
Das hohe Schloß am Meer?
Golden und rosig wehen
Die Wolken drüber her.

Es möchte sich niederneigen
In die spiegelklare Flut;
Es möchte streben und steigen
In der Abendwolken Glut.

„Wohl hab' ich es gesehen,
Das hohe Schloß am Meer,
Und den Mond darüber stehen,
Und Nebel weit umher."

Der Wind und des Meeres Wallen
Gaben sie frischen Klang?
Vernahmst du aus hohen Hallen
Saiten und Festgesang?

„Die Winde, die Wogen alle
Lagen in tiefer Ruh,
Einem Klagelied aus der Halle
Hört' ich mit Thränen zu."

Saheft du oben gehen
Den König und sein Gemahl?
Der rothen Mäntel Wehen?
Der goldnen Kronen Strahl?

Führten sie nicht mit Wonne
Eine schöne Jungfrau dar,
Herrlich wie eine Sonne,
Strahlend im goldnen Haar?

„Wohl sah ich die Eltern beide,
Ohne der Kronen Licht,
Im schwarzen Trauerkleide!
Die Jungfrau sah ich nicht."

Der Greis.
Von Lenau.

Durch Blüthen winket der Abendstern,
Ein Lüftchen spielt im Gezweige;
Der Greis genießt im Garten so gern
Des Tages süße Neige.

Dort seine Enkel, sie jagen frisch
Im Grase hin und wieder;
Die Vöglein singen im Gebüsch
Nun ihre Schlummerlieder.

Es lieben Kinder und Vöglein,
— Die Glücklichsten auf Erden! —
Bevor sie Abends schlafen ein,
Noch einmal laut zu werden.

13 *

Da schlängelt der schnelle Kinderkreis
Sich blühend durch blühende Bäume,
Sie gaukeln um den stillen Greis,
Wie selige Jugendträume.

Sein Auge folgt am Wiesenplan
Der Unschuld fröhlichen Streichen;
Da jauchzt ein Knabe zu ihm heran,
Ihm eine Blume zu reichen.

Der Alte nimmt sie lächelnd hin
Und streichelt den schönen Jungen,
Und will liebkosend ihn näher zieh'n;
Der aber ist wieder entsprungen.

Und wie der Greis nun die Blume hält,
Und ansieht immer genauer,
Ihn ernstes Sinnen überfällt,
Halb Freud' und milde Trauer.

Er hält die Blume so inniglich,
Die ihm das Kind erkoren,
Als hätte seine Seele sich
Ganz in die Blume verloren.

Als fühlt' er sich gar nah' verwandt
Der Blume, erdentsprossen,
Als hätte die Blum' ihn leise genannt
Ihren lieben, trauten Genossen.

Schon spürt er im Innern keimen wohl
Das stille Pflanzenleben,
Das bald aus seinem Hügel soll
In Blumen sich erheben.

Böser Markt.

Von Chamisso.

Einer kam vom Königsmahle
In den Park sich zu bewegen,
Aus dem Busch mit einem Male
Trat ein Andrer ihm entgegen;
Zwischen Rock und Kamisole
Griff der schnell, und die Pistole
    Setzt er jenem auf die Brust.

Leise, leise! muß ich bitten;
Was wir hier für Handel treiben,
Mag vom unberufnen Dritten
Füglich unbelauschet bleiben.
Wollt ihr Uhren nebst Gehenken
Wohl verkaufen? nicht verschenken;
    Nehmt drei Batzen ihr dafür? —

Mit Vergnügen! — Nimmer richtig
Ist die Dorfuhr noch gegangen;
Thut der Küster auch so wichtig,
Weiß er's doch nicht anzufangen;
Jeder weiß in unsern Tagen,
Was die Glocke hat geschlagen;
    Gottlob! nun erfahr' ich's auch.

Sagt mir ferner: könnt ihr missen,
Was da blinkt an euren Fingern?
Meine Hausfrau, sollt ihr wissen,
Ist gar arg nach solchen Dingern;
Solche Ringe, solche Sterne,
Wie ihr da habt, kauf' ich gerne;
    Nehmt drei Batzen ihr dafür? —

Mit Vergnügen! — Habt ihr künftig
Mehr zu handeln, laßt mich holen;
Edel seid ihr und vernünftig,
Und ich lob' euch unverholen.
Gleich mich dankbar euch zu zeigen,
Laß' ich jede Rücksicht schweigen,
    Und verkauf' euch, was ihr wollt.

Seht den Ring da, den ich habe;
Nur von Messing, schlecht, unscheinsam,
Aber, meiner Liebsten Gabe;
Ach sie starb, und ließ mich einsam!
Nicht um einen Goldeshaufen...!
Aber ihr, wollt ihr ihn kaufen,
    Gebt mir zehn Dukaten nur. —

Mit Vergnügen! — Ei! was seh' ich?!
Schöner Beutel goldgeschwollen,
Du gefällst mir, das gesteh' ich;
Die Pistole für den vollen!
Sie ist von dem besten Meister,
Kuchenreuter, glaub' ich, heißt er,
    Nehmt sie für den Beutel hin! —

Mit Vergnügen! Nun Geselle,
Ist die Reih' an mich gekommen!
Her den Beutel auf der Stelle!
Her, was du mir abgenommen!
Gieb mir das Geraubte wieder,
Gleich, ich schieße sonst dich nieder,
    Wie man einen Hund erschießt! —

Schießt nur! schießt nur! wahrlich Schaden
Wärt ihr fähig anzurichten,
Wäre nur das Ding geladen.

Ihr gefallt mir so mit nichten.
Unfein dürft' ich wohl euch schelten;
Abgeschloß'ne Händel gelten,
    Merkt es euch und, gute Nacht!

Ihn verlachend ummwunden,
Langgebeint, mit leichten Sätzen,
War er in den Busch verschwunden
Mit den eingetauschten Schätzen.
Jener mit dem Kuchenreuter
In der Hand, sah nicht gescheuter
Aus, als Augenblicks zuvor.

Unter den Palmen.
Von Freiligrath.

Mähnen flattern durch die Büsche; tief im Walde tobt der Kampf.
Hörst du aus dem Palmendickicht das Gebrüll und das Gestampf?
Steige mit mir auf den Teekbaum! Leise! daß des Köchers Klingen
Sie nicht aufschreckt! Sieh' den Tiger mit dem Leoparden ringen!

Um den Leichnam eines Weißen, den der Tiger überfiel,
Als er schlief auf dieses Abgangs scharlachfarb'gem Blumenpfühl,
Um den Fremden, seit drei Monden unsrer Zelte stillen Bürger,
Der nach Pflanzen ging und Käfern, streiten die gescheckten Würger.

Weh', kein Pfeil mehr kann ihn retten! schon geschlossen ist sein Aug'!
Roth sein Schlaf, gleichwie die Blume auf dem Fackeldistelstrauch!
Die Vertiefung auf dem Hügel, drin er liegt, gleicht einer Schale,
Voll von Blut, und seine Wange trägt des Tigers Klauenmale.

Wehe, wie wird deine Mutter um dich klagen, weißer Mann! ---
Geifernd fliegt der Leoparde den gereizten Tiger an;
Aber dessen linke Tatze ruht auf des Erwürgten Leibe,
Und die rechte hebt er drohend, daß den Gegner er vertreibe.

Siehe, welch ein Sprung! — der Springer hat des Todten Arm gefaßt;
Zerrend flieht er, doch der Andre läßt nicht von der blut'gen Last.
Ringend, ungestüm sich packend, stehn sie auf den Hinterpranken,
Aufrecht zwischen sich den starren, mit emporgerafften Blanken.

Da — o sieh', was über ihnen sich herabläßt aus dem Baum,
Grünlich schillernd, offnen Rachens, an den Zähnen gist'gen Schaum! —
Riesenschlange, keinen Einz'gen lässest du den Raub zerreißen!
Du umstrickst sie, du zermalmst sie — Tiger, Leoparden, Weißen!

Die Loreley.

Von Heinrich Heine.

Ich weiß nicht, was soll es bedeuten,
Daß ich so traurig bin;
Ein Mährchen aus alten Zeiten,
Das kommt mir nicht aus dem Sinn.

Die Luft ist kühl und es dunkelt,
Und ruhig fließt der Rhein;
Der Gipfel des Berges funkelt
Im Abendsonnenschein.

Die schönste Jungfrau sitzet
Dort oben wunderbar,
Ihr gold'nes Geschmeide blitzet,
Sie kämmt ihr goldenes Haar.

Sie kämmt es mit goldenem Kamme,
Und singt ein Lied dabei;
Das hat eine wundersame,
Gewaltige Melodei.

Den Schiffer im kleinen Schiffe
Ergreift es mit wildem Weh;
Er schaut nicht die Felsenriffe,
Er schaut nur hinauf in die Höh'.

Ich glaube, die Wellen verschlingen
Am Ende Schiffer und Kahn;
Und das hat mit ihrem Singen
Die Lore=Ley gethan.

Der Harz.
Von Heinrich Heine.

Auf die Berge will ich steigen,
Wo die frommen Hütten stehen,
Wo die Brust sich frei erschließet,
Und die freien Lüfte wehen.

Auf die Berge will ich steigen,
Wo die dunklen Tannen ragen,
Bäche rauschen, Vögel singen,
Und die stolzen Wolken jagen.

Lebet wohl, ihr glatten Säle!
Glatte Herren, glatte Frauen!
Auf die Berge will ich steigen,
Lachend auf euch niederschauen.

Der Gefangene.
Von Anastasius Grün.

„Glückauf, ein Jahr der Haft vorbei! denn winken
Seh' ich ein grünes Blatt am Fensterrande;
Gottlob, 's ist wieder Lenz! Schon will mich's dünken.
Als schaut' ich weit in sonn'ge Blumenlande!

Ich höre klingen die kryſtall'nen Bronnen,
Den Sproſſer flöten zwiſchen duft'gen Ranken!
In's Kerkerdunkel glänzen Frühlingsſonnen!
Dir, ſtilles, grünes Blättlein, muß ich's danken!

Doch wehe, weh'! Des Epheu's ſtarr Gewinde
Hab' ich geſehn ſtatt ſaft'gem Lenzgeſträuche,
Ach, ſtatt des Frühlings roſ'gem, friſchen Kinde,
Nur ſeine Mumie, die immergleiche!

Des Epheu's Ranken grünen Feſſeln gleichen,
Und mit dem Schergen ſteht er längſt im Bunde;
Daß nicht des Kerkers Steine lockernd weichen,
Schlingt ſeine Arm' er um des Thurmes Runde!

Sein bittres Amt dem Wächter zu erſparen,
Nach mir zu ſchielen durch des Fenſters Raine,
Kroch er heran, mühvoll, vielleicht ſeit Jahren!
Indeß nach einem einz'gen Lenz ich weine."

Frühling.
Von Robert Prutz.

Ja, das iſt des Lenzes Hauch,
    Der die Bruſt mir fächelt!
Ja, das iſt das Maienkind,
    Das aus Blumen lächelt!
Schmetterlinge wiegen ſich
    In dem Blüthenmeere,
Und ich könnte glücklich ſein,
    Wenn nur Eins nicht wäre!

Süßer Frühling, holder Mai!
    Über Thal und Hügel

Breitest Du, wie Gotteshand,
  Segnend Deine Flügel:
Sollen wir denn nimmer Dich
  In den Herzen schauen?
Hast Du keinen Sonnenstrahl,
  Seelen aufzuthauen?

Alle Keime sind erwacht,
  Alle Knospen springen,
Und der Epheu muß sich frisch
  Um Ruinen schlingen:
Soll nur der Geschichte Baum
  Niemals Knospen treiben?
Soll es ewig Winter nur
  Für die Freiheit bleiben?

Alle Quellen wurden frei,
  Alle Bächlein rauschen:
Sollen nur die Geister nie
  Freie Rede tauschen?
Alle Vöglein singen laut,
  Alle Zweige schallen:
Steckt man in den Käfig nur
  Völkernachtigallen?

Süßer Frühling, holder Mai,
  Frühling unsrer Herzen,
Komm, o komm, und wär' es auch,
  Wär' es auch mit Schmerzen!
Müßtest Du aus Wunden auch
  Deine Rosen färben,
Müßten auch wir selber als
  Frühlingsopfer sterben! —

Der Gang um Mitternacht.

Von Herwegh.

Ich schreite mit dem Geist der Mitternacht
Die weiten stillen Straßen auf und nieder —
   Wie hastig ward geweint hier und gelacht
Vor einer Stunde noch! . . . Nun träumt man wieder.
   Die Lust ist, einer Blume gleich, verdorrt,
Die tollsten Becher hörten auf zu schäumen,
   Es zog der Kummer mit der Sonne fort,
Die Welt ist müde — laßt sie, laßt sie träumen!

   Wie all mein Haß und Groll in Scherben bricht,
Wenn ausgerungen eines Tages Wetter,
   Der Mond ergießet sein versöhnend Licht,
Und wär's auch über welke Rosenblätter!
   Leicht wie ein Ton, unhörbar wie ein Stern,
Fliegt meine Seele um in diesen Räumen;
   Wie in sich selbst, versenkte sie sich gern
In aller Menschen tiefgeheimstes Träumen!

   Mein Schatten schleicht mir nach wie ein Spion,
Ich stehe still vor eines Kerkers Gitter.
   O Vaterland, dein zu getreuer Sohn,
Er büßte seine Liebe bitter, bitter!
   Er schläft, — und fühlt er, was man ihm geraubt?
Träumt er vielleicht von seinen Eichenbäumen?
   Träumt er sich einen Siegerkranz um's Haupt? —
O Gott der Freiheit, laß ihn weiter träumen!

   Gigantisch thürmt sich vor mir ein Pallast,
Ich schaue durch die purpurnen Gardinen,
   Wie man im Schlaf nach einem Schwerte faßt,
Mit sündigen, mit angstverwirrten Mienen.

Gelb, wie die Krone, ist sein Angesicht,
Er läßt zur Flucht sich tausend Rosse zäumen,
 Er stürzt zur Erde, und die Erde bricht —
O Gott der Rache, laß ihn weiter träumen!

 Das Häuschen dort am Bach — ein schmaler Raum!
Unschuld und Hunger theilen drin das Bette.
 Doch gab der Herr dem Landmann seinen Traum,
Daß ihn der Traum aus wachen Ängsten rette;
 Mit jedem Korn, das Morfeus Hand entfällt,
Sieht er ein Saatenland sich golden säumen,
 Die enge Hütte weitet sich zur Welt —
O Gott der Armuth, laß die Armen träumen!

Beim letzten Hause auf der Bank von Stein,
Will segenflehend ich noch kurz verweilen;
 Treu lieb' ich Dich, mein Kind, doch nicht allein,
Du wirst mich ewig mit der Freiheit theilen.
 Dich wiegt in goldner Luft ein Taubenpaar,
Ich sehe wilde Rosse nur sich bäumen;
 Du träumst von Schmetterlingen, ich vom Aar —
O Gott der Liebe, laß mein Mädchen träumen!

 Du Stern, der, wie das Glück, - aus Wolken bricht!
Du Nacht, mit deinem tiefen stillen Blauen,
 Laßt der erwachten Welt zu frühe nicht
Mich in das gramentstellte Antlitz schauen!
 Auf Thränen fällt der erste Sonnenstrahl,
Die Freiheit muß das Feld dem Tage räumen,
 Die Thrannei schleift wieder dann den Stahl —
O Gott der Träume, laß uns alle träumen!

An die Wolken.
Von G. Solling.

Schneegeflockte Nebelwolken,
Licht und goldverbrämt am Rande,
Ziehen über meinem Haupte,
Hin zum theuern Vaterlande.

Tragt mich auf den weißen Schwingen,
Dunstgeformte Luftgebilde,
Fort aus diesem fremden Lande,
In die heimischen Gefilde.

Grüßet mir dieВатererde,
Auch die Hütten meiner Lieben,
Meldet, daß in weiter Ferne,
Allen treu mein Herz geblieben.

Küßt die Wipfel deutscher Eichen,
Auf dem Fluge durch die Lüfte,
Gießet tausend Himmelsthränen,
Auf der theuern Eltern Grüfte.

Ach, sie fliehn! — entfliehen eilig,
Bis sie ganz wie Duft verwehen,
Florgewebte Silberwölkchen,
In des Äthers reinen Höhen.

Das Todtenhemdchen.
Nach einer deutschen Sage.
Von G. Solling.

Es hatt' eine Mutter ein Knäblein,
Das war so lieblich und schön,
Und Alle mußten es lieben,
Die es nur einmal gesehn. —

Doch plötzlich war es erkranket,
Das machte der Mutter viel Noth,
Es starb und ist nun ein Engel,
Da droben beim lieben Gott.

Und Nachts kam es zu den Orten,
Wo es als Knäbchen gespielt,
Und sang mit silbernem Stimmchen
Der Mutter manch tröstendes Lied.

Das Mutterherz wollte schier brechen,
Sie weinte die Augen sich blind,
Den großen Jammer zu stillen,
Kam Nachts zu ihr das Kind.

Es trug ein schneeweißes Hemdchen,
Ein Kränzchen im goldenen Haar,
Grad' so wie nach seinem Tode,
Die Leut' es gesehn auf der Bahr.

Sprach: Mutter, ach hör' auf zu weinen,
Sonst hab' ich im Grabe nicht Rast,
Mein Hemdchen ist feucht von den Thränen,
Die alle vergossen du hast.

Die Mutter erschrak, seit der Stunde,
Trocknet die Thränen sie schnell,
Nachts kam das Kind, trug ein Lichtlein,
Das leuchtet wie Sterne so hell.

„O Mutter, seit Du nicht mehr weinest,
Ist trocken geworden mein Kleid,
Ich habe im Grabe jetzt Ruhe,
Ertrag' Du geduldig Dein Leid.

Die Rose.

Nach Cowper. Aus dem Englischen.
Von G. Solling.

Marie bringt der Schwester
Ein Röschen vom Regen getränkt,
Beschwert von dem reichlichen Thaue,
Hatt's traurig das Köpfchen gesenkt.

Sein Herz war so voll und die Blätter
Die hingen so matt und feucht,
Die Trennung vom blühenden Strauche,
Hat die rosgen Wangen gebleicht.

Ich nahm das triefende Röslein,
Und schüttelt' es leider zu sehr,
Es zerbrach, und fiel auf den Boden,
Die Blätter flattern umher.

Ich rief, so geht es denn Allen,
Die nicht achten Thränen noch Schmerz
Und ohne Erbarmen oft brechen,
Das gramvoll blutende Herz.

Wär Röslein besser gepfleget,
So hätt' es mich länger beglückt;
Durch Thränen zärtlich getränket
Süß wonniges Lächeln oft blickt.

Der Frühlingsmorgen.
Von G. Solling.

Thaugetränkte Fluren dampfen
Morgenweihrauch in die Lüfte,
Von den Bergen, aus den Thälern
Hauchen frische Morgendüfte.

Dunstgewebte Purpurschleier
Decken noch die junge Sonne,
Doch sie schwinden und ihr Antlitz
Strahlet neue Frühlingswonne.

Aus den kühlen Gräsern blitzen
Millionen Demanttröpfchen,
Und die jungen Halme wiegen,
Schweigend hin und her das Köpfchen.

Kühle, blumenduft'ge Winde,
Flüstern durch das Laub der Bäume,
Leicht beschwingte Frühlingssänger
Zwitschern durch die stillen Räume.

Thaugestärkte Maienglöckchen
Laben sich am Sonnenscheine,
Himmelblaue Demuthsveilchen,
Duften durch die stillen Haine.

Neue Lebenskraft und Wonne
Strömet durch des Menschen Glieder:
Dank Dir, Gott, daß ich noch einmal
Sah den jungen Frühling wieder.

Die Thräne.
Nach Thomas Moore.
Von G. Solling.

Ellen in kalter Mondscheinnacht
An Lindars Grabe saß,
Wohl manche Thräne fließet sacht
Hinab in's kühle Gras.

Des Herzens Thau rinnt klar und heiß
Von Mädchens Angesicht,
Es glänzt ein starrer Tropfen Eis
Im goldnen Morgenlicht.

Ein Seraph aus des Himmels Höhn
Am andern Morgen kam:
Des Mädchens Noth hat er gesehn,
Die eis'ge Thrän' er nahm.

Die Göttin der Barmherzigkeit,
Dem guten Kind zum Lohn',
Trägt sie als Diamant noch heut'
In ihrer gold'nen Kron'.

Wo die Waffer sich einen.

Nach Thomas Moore.
Von G. Solling.

Wo die Waffer sich einen im sonnigen Strahl,
Da liegt ein zaubervoll liebliches Thal,
Die Blüthe des Thals, die im Herzen mir sprießt,
Sie welke erst, wenn das Auge sich schließt.

Es ist nicht des Waffers krystallene Fluth,
Nicht Hügel umleuchtet von purpurner Gluth,
Der grünende Teppich, der ewig sich schmückt,
Viel lieblicher's ist's, das mein Herze beglückt.

Die Freunde, die lieben sind's, die mir so werth,
Die theuern Gespielen am heimischen Heerd,
Nur in der Familie traulichem Schooß
Genießen wir doppelt, was schön und was groß.

Ach könnt' in Avoca's schattigem Thal
Ich einst mit den Freunden von meiner Wahl,
Wo Liebe und Eintracht so wunderbar blühn,
Auf ewig den Stürmen des Lebens entfliehn.

Das verlassene Mädchen.

Von G. Solling.

Ein Mädchen weint in Sturm und Nacht,
Ihr Herz ist bang und trübe,
An ihrem Busen ruht ihr Kind,
Die Frucht der ersten Liebe.

Der Vater fortgezogen war,
Nach Indiens fernem Strande,
Er denkt nicht mehr an Weib und Kind,
Und ficht im fremden Lande.

Des armen Mädchens Noth ist groß,
Von aller Welt verlassen,
Hat sie nicht einen Bissen Brot,
Muß betteln auf den Straßen.

So irret sie wohl Monden lang,
Von einem Haus zum andern;
Des armen Kindleins Wange zehrt,
Es kann nicht weiter wandern. —

In kalter rauher Winternacht,
Bei tief beschneiter Eiche,
Ermattet sinkt sie hin und starrt
So stumm, wie eine Leiche.

14*

Des Nordwinds rauher Athem weht,
Die Sternlein bleicher flimmern,
Und an der Mutter treuer Brust
That's immer leiser wimmern.

Der Mutter kalte Lippe ruht
Auf ihres Kindes Munde;
Der blasse Tod hat's abgeholt,
Grad' um die Geisterstunde.

Doch keine Thräne sie vergießt;
Sprachlos und starr vor Schmerzen
Hält krampfhaft sie das todte Kind
An ihrem treuen Herzen.

So sitzt sie da in kalter Nacht
An jener kahlen Eiche,
Und als der Morgen wieder graut,
Da starrt auch sie als Leiche.

Ein grüner Rasen deckt noch heut
Die Mutter sammt dem Kinde,
Um einer Trauerweide Haupt
Säuseln die Abendwinde.

Der Ort, wo dies geschehen ist,
Da ist's so öd' und traurig,
Die Sternlein flimmern trüber dort,
Die Winde wehn so schaurig. —

Der Vater an sein schlummerndes Kind.
Nach Croft. Aus dem Englischen.
Von G. Solling.

Schlummre sanft, geliebtes Mädchen,
Dich erquicket süße Ruh!
Schön bist Du, obgleich die Wimper
Schloß den Augenhimmel zu.
Um den Mund schwebt holdes Lächeln,
Süßer Träume Wiederschein,
Unschuld, Seligkeit und Frieden
Wiegen Dich zum Schlummer ein.

Auf dem runden Ärmchen ruhet
Seine Purpurwange heiß,
Und der Locken gold'ne Fülle
Deckt die Schläfe blendend weiß;
So in Anmuth hingegossen,
Wie ein Engel Gottes mild,
Schlummre Du in süßem Frieden,
Schlummre sanft Du reizend Bild.

Gott, Allmächt'ger, der du sendest
Donner, Blitze, Sturm und Wind,
Dessen Hauch die Meere thürmet,
Schütze Du mein Kind.
Güt'ger Vater, Du entzündest
Berge, daß sie Feuer speien,
Schickst der Sonne Frühlingsstrahlen,
Laß mein Kind stets heilig sein.

Heilig sei es, wie Dein Name,
Und wie Himmelsäther rein,
Unbefleckt wie Schnee der Alpen,
Führ' es durch des Lebens Pein,

Und beschütze es vor Übel,
Stolz, Versuchung, Zorn und Neid.
Von der Jugend bis zum Alter
Steh' ihm väterlich zur Seit',
Bis daß es der Tod erlöse,
Es vor deinem Thron erschein',
Dann empfange es in Gnade
Heilig, unbefleckt und rein.

––––––––

Die Nacht.
Von G. Solling.

Goldgefaßte Brillantsterne
Ziehn am blauen Himmelsbogen,
Und ihr Abbild zittert funkelnd
In den grünen Meereswogen.

Durch gebrochner Wolken Schleier
Sendet Luna Thränenblicke;
Von benetzten Grabeshügeln
Strahlt ihr mattes Licht zurücke.

Schaumumsäumte Silberwellen
Brechen seufzend sich am Strande,
Ihre Geisterstimmen flüstern
Grüße aus dem Heimathlande.

Süße Klagetöne dringen
Aus den dunkeln Laubengängen:
Philomele füllt die Lüfte
Mit der Liebe Lenzgesängen.

Blüthenduft'ge Abendwinde
Spielen mit dem Laub der Bäume,

Gluthumfloßne Käfer summen
Durch die stillen Himmelsräume.

Süße Nacht sei mir willkommen,
Süß mit allen Deinen Schauern,
Wenn Du nahst, ergreift's mich mächtig,
Und ich höre auf zu trauern.

Die drei schwarzen Krähen.
Nach Byron. Aus dem Englischen.
Von G. Solling.

Zwei Schneider begegnen sich auf dem S t r a n d *),
Der eine drücket dem andern die Hand,
„He Vetter, das ist doch n' putz'ge Geschicht',
Von den Raben!" „Was? Davon hört ich nicht,"
Erwiedert der Freund, — „Das wundert mich sehr,
Ist doch in der Stadt kein Geheimniß mehr;
So hört denn den drolligen Schwank und wißt,
Daß wirklich die Sache geschehen ist.
Nicht weit von der Börse wohnet der Mann,
Den Jedermann ja d'rum fragen kann,
Ihm sind, nachdem er sich herzlich gebrochen,
Drei pechschwarze Kräh'n aus dem Halse gekrochen."
„Wär's möglich?" „Gewiß die Sach' ist geschehn,
Und glaubet ihr's nicht, so möget ihr gehn
Zu dem Manne, der es mir selbst gesagt,
Hier ist sein Name, nun gehet und fragt."
Flink voller Eifer, und voller Begier
Rennt er zu dem Manne, es war ein Barbier,
Der bestätiget es, doch sagt er „Nicht Drei
Schwarze Kräh'n waren's, sondern nur zwei,"

---

*) S t r a n d, eine von Londons Hauptstraßen

224

„Und wollt ihr kommen der Sach' auf den Grund,
Geht zu Klaus, ich hört's aus seinem Mund."
Kaum hatt' er wieder Abschied genommen,
Fliegt er zum Dritten, wie er gekommen.
„Klaus," spricht er, „ist die Sach' wirklich wahr?"
„Bis auf die Zahl, gewiß auf ein Haar.
Doch statt zwei Krähen, Gevatterchen, wißt,
Daß es nur diesmal n'e Einzige ist;"
Der Mann, dem's begegnet, sagte mir das.
„Wo wohnt er?"   „Je nun in jener Straß'."
Fort rennt er zu diesem mit schnellem Lauf.
„Herr" spricht er, klärt mir die Sache doch auf,
Ihr seid der Letzte, den heut' ich befragt,
Wißt sicher, ob man die Wahrheit gesagt —
Habt wirklich ihr vor einigen Wochen
Eine pechschwarze Krähe ausgebrochen?"
„Ich? —   Wer wagt's die Lüge auszubreiten?"
Je nun, ich hört es von vielen Leuten.
Erst waren's drei Kräh'n, dann zwei, dann eine,
Und zu guter Letzt ist es gar keine.
Spracht ihr denn gar nicht vergangene Woch'
Von den Kräh'n mit Jemand, besinnt euch doch?
„Je nun! ich sprach wohl von den Krähen,
Doch wie die Leute die Worte verdrehen:
Seht' mir war's übel, darum nahm ich ein,
Erbrach mich, erzählt drauf dem Nachbar Klein,
Daß, was ich gebrochen, bei meiner Treu,
So schwarz wie n'e Krähe gewesen sei!"

———

225

John Gilpin.

Von Cowper. Aus dem Englischen.

Übersetzt von G. Solling.

Hans Gilpin lebte vor Jahren einst,
Geliebt von Klein und Groß,
Ein Bürgercapitain war er
In London weltfamos.

Frau Gilpin sprach einst zum Gemahl:
„Nicht einmal lieber Hans,
Seit wir vermählet, führtest du
Dein treues Weib zu Tanz.

Es sind just morgen zwanzig Jahr
Seit ich dich Hans gefreit,
Drum sei der Tag in Edmonton
Der Fröhlichkeit geweiht.

Die Schwester und der Schwester Kind,
Ich und die Kinder dann,
Wir füllen schon die Kutsche aus,
Du reitest, lieber Mann.“

Drauf liebeschmunzelnd Hans versetzt:
„Auf dieser weiten Erd'
Giebt's keine beßre Frau als du,
Drum sei dein Wunsch gewährt.

Ich bin ein Schneider meines Stand's,
Und mich kennt Jedermann,
Das Reitpferd leihet uns gewiß
Der Nachbar Kümmelmann.“

Frau Gilpin spricht: „Das war gescheut
Gedacht, doch da der Wein
So theuer, nimm den unsern mit,
Der ist ja klar und rein."

Hans Gilpin, voller Ehmannsgluth
Sein treues Weib dann küßt,
Die, ob sie zwar Vergnügen liebt,
Zugleich auch sparsam ist.

Der Tag erscheint, die Kutsche auch,
Doch nicht vor ihrem Haus;
Sonst möcht' der Nachbar sagen, Hans
Nähm sich zu viel heraus.

Drei Häuser weiter steigt man ein,
Sechs Seelen voll Begier
Zu rumpeln über Stock und Stein
Durch's ganze Stadtquartier.

Die Peitsche knallt, der Wagen rollt,
Die drinnen sind entzückt,
Es rasselt über's Pflaster hin,
Als wäre Cheapside verrückt.

Hans Gilpin voller Eifer will
Nun steigen auf sein Pferd,
Doch kaum hält er die Mähne fest,
Paff! wirft's ihn auf die Erd'.

Als endlich er nach vieler Müh'
Im Sattel sich placirt,
Da kommen, als er um sich blickt,
Drei Kunden anmarschirt.

Blitzschnell vom Pferd fliegt er, obgleich
Der Zeitverlust ihn reut,
Doch Geld einbüßen wär' für ihn
Noch größ'res Herzeleid.

Doch ehe seine Kunden all
Befriedigt worden sind,
Stürzt Betty, die den Wein vergaß,
In's Zimmer gar geschwind.

„Da haben wir's," spricht Hans, „nun bring
Die Lederkoppel mir,
Worin das Hauptmannsschwerdt ich steck'
Stets, wenn ich exerzir'." —

Frau Gilpin, die die Ordnung liebt,
Auch schnell die Krüge fand,
Worin den Hauswein sie bewahrt,
Mit wirthschaftlicher Hand.

Zwei ird'ne Krüge waren es,
Auch waren Henkel dran,
Die Koppel zieht er durch und wirft
Sie auf die Schultern dann.

Gerüstet so von Kopf zu Fuß,
Gebürstet säuberlich,
Umhüllet er zu guter letzt
Mit rothem Mantel sich.

Nun sehet, wie zum zweiten Mal
Er wagt den leisen Trott,
Er holpert über's Pflaster hin,
Vorsicht, weiß er, thut Noth.

Doch ebnet sich der Weg als bald,
Vor Freude wiehrt das Roß,
Das schreckt den armen Reiter sehr,
Doch's Pferd trottiret los.

Vergebens streichelt er den Gaul,
Und schreit, der hört es kaum,
Der schnelle Trott wird zum Gallop,
Trotz Zügel und trotz Zaum.

So tief gebückt, weil er nicht mehr
Aufrecht sich halten kann,
Hält krampfhaft er die Mähne fest,
So fest, als er nur kann.

Das Pferd, das nie auf solche Art
Geritten ward zuvor,
Denkt, was mag das für'n Reiter sein,
Verwundert spitzt's das Ohr.

Fort geht's von dannen wie der Blitz,
Der Hut auf seinem Haupt,
Sammt der Perrücke fliegen fort.
Hätt' Hans das je geglaubt?

Der Wind bläßt scharf, der Mantel fliegt
Wie Flaggen in der Höh',
Bis Schnur und Knopf verloren sind,
Dann sagt auch der Adel

Nun konnten erst die Leute recht
Die Henkelkrüge sehn,
Sie schaukelten auf jeder Seit',
Wie wir bereits gesehn.

Die Hunde bell'n, die Kinder schrein,
Die ganze Stadt wird wach
Und jeder rufet Bravo Hans
Und rennt ihm schreiend nach.

Hopp, hopp geht's über Stock und Stein,
Von Hans spricht jeder Mund,
Man glaubt, er reite in die Wett'
Um hunderttausend Pfund.

Und wie er nun dem Zöllnerhaus
Sich naht in wildem Lauf,
Der Zöllner voller Eifer reißt
Den Schlagbaum eilend auf.

Hans bückt sich tief, so tief er kann,
Jedoch des Reiters Last
In hunderttausend Scherben fliegt,
Als er passirt in Hast.

Hernieder träuft der edle Wein,
Welch' Schauspiel! Gott erbarm,
Der Gaul der rauchet von dem Guß,
Dem Reiter wird's jetzt warm.

Die Last wird leicht, die Koppel hält
Jedoch noch etwas fest,
Zwar sind's der Krüge Hälse nur,
Jedoch ist's noch ein Rest.

Durch's lust'ge Islington stürmt Hans
Mit seinem Henkel Paar,
Und hält erst, als in Edmonton
Er angekommen war.

Voll Sehnsucht harrend hat die Frau
Von weitem Hans erspäht.
Von dem Balkone will sie sehn
Wie Gilpin reiten thät.

Halt, halt, Hans Gilpin, hier ist's Haus,
Tönt's wie aus einem Mund,
Wir sind so hungrig, „ja auch ich,“
Spricht er, „bin auf den Hund.“

Jedoch der Gaul war nicht geneigt,
Schon jetzt zu halten hier,
In Ware, zehn Meilen weiter, wollt'
Er halten Nachtquartier.

Drum pfeilgeschwind geht's wieder fort,
Schnell wie ein Vogel zieht,
Und wie ich seh' ist fertig erst
Die Hälft' von meinem Lied.

Der arme Gilpin rennt drauf los,
Weil er's nicht ändern kann,
Der Gaul hält erst nach langem Ritt
Beim Nachbar Kümmelmann.

Der ganz verwundert glotzt und glotzt,
Traut seinen Augen nicht,
Legt weg die Pfeife, fliegt zur Thür
Und folgendes er spricht:

Potztausend Hans, was ist denn los?
Was seh ich? ohne Hut?
Erzählt doch, was Euch widerfuhr?
Hans, bitte, seid so gut.

Hans Gilpin war ein loser Schalk,
Und liebte dann und wann
Den Scherz gar wohl, er sprach daher
Zum Nachbar Kümmelmann:

Ich kam, weil Euer Pferd es wollt',
Und wenn ich mich nicht irr',
So wird der Hut nebst der Perrück'
In Bälde folgen mir.

Der Nachbar schmunzelt, doch er spricht
Auch nicht ein einz'ges Wort,
Bleibt noch ein Weilchen sinnend stehn,
Drauf geht er langsam fort.

Doch bald kehrt er zurück und bringt
Sowohl Perrück' als Hut,
Getragen sind sie Beide zwar,
Doch sind noch beide gut.

Er zeigt sie und beweist zugleich,
Daß er auch spaßhaft sei,
„Die passen,“ spricht er, „denn mein Kopf
Ist dick wie Eurer zwei.

Erlaubt mir nur, daß vom Gesicht
Ich Euch den Staub abwisch',
Dann kommt herein, Ihr seid wohl müd',
Gedeckt ist längst der Tisch.“

Hans spricht: „heut ist mein Hochzeittag,
Und würde man fürwahr
Sich wundern, thät in Edmonton
Sie speisen, ich in Ware.“

Und dann zum Gaul gewandt er spricht:
„Du hast mich hergebracht,
Trottire drum allein nach Haus,
Ich speis' hier erst zu Nacht.

Der arme Gilpin aber bald
Die Spöttelei bereut,
Denn während er dies spricht, „I a"
Ein Esel mächtig schreit.

Dem Gaule zittert von der Furcht
Die alte feige Haut,
Schnell reißt er wieder aus, und wähnt,
Ein Löwe brüll' so laut.

Gilpin's Perrücke nebst dem Hut,
Die sitzen viel zu los',
Drum fliegen sie auch schneller fort.
Warum? Weil sie zu groß.

Frau Gilpin, als sie den Gemahl
Von fern sieht in Gefahr,
Zieht schnell aus ihrem Beutel dann
Eine halbe Krone baar.

Und zu dem Postknecht, der sie heut
Am Hochzeittage fuhr,
Spricht sie: „das Geld gehöret Euch,
Rettet den Hans mir nur."

Der Kutscher horcht, drauf sprengt er fort,
Was thut nicht oft das Geld?
Begegnet Gilpin, dessen Pferd
Er schon beim Zügel hält.

Doch packt ihn nicht, wie er gewollt,
Obgleich er's wünschte sehr,
Er schreckt den Gaul nur, der reißt aus,
Hopp, hopp, en pleine carrière,

Der Postknecht folget hintendrein
Dem Gilpin auf den Fuß,
Das Kutschpferd ist ganz kreuzfidel,
Daß es nicht ziehen muß.

Die wilde Jagd auf der Chaussee
Fliegt bei sechs Herrn vorbei,
Die wissen nicht woran sie sind,
Erheben laut Geschrei.

„He! haltet doch die Gauner dort,
Es kann nichts andres sein,“
Aus voller Kehle schrei'n sie das
Und stürzen hinterdrein.

Der Schlagbaum grad' wie's erste Mal
Im Nu sich öffnet weit,
Die Zöllner glauben, daß im Ernst
Für's Geld Hans Gilpin reit'.

Er that's auch und gewann zuletzt,
Erreicht zuerst die Stadt,
Stieg ab vom Pferde dort wo früh
Er es bestiegen hatt'.

Das Lied ist aus, ich aber sing':
Die Königin lebe hoch,
Und wünscht', ich sähe von Gilpin
Manchen Ritt wie diesen noch.

15

Inhalt.

Ein weiser, sich selbst begreifender Mann wird, statt nach ge=
ben zu trachten, die er nicht hat, diejenigen, welche er hat, ausbilde[n],
[...] streben, weil [...] der [...] von der Verschönung [...] [...]
ist, möglich zu werden.

Suche nicht außer dir, was du in dir selbst finden mußt; nicht in der Fer=
ne, was du in der Nähe besser haben kannst.

7

Bestrebe dich zu sein von eben soviel Klugheit als Muth, einfach und prunklos in deiner Lebensart, immer Meister deiner selbst, ohne irgend eine Schwachheit, welche ein Anderer dich fassen kann; zugleich offen und verschlossen, sanft und heftig, geschmeidig und hart, aber jedes zu seiner Zeit.

8

[illegible] die ohne [illegible] die [illegible] zur rechten Zeit [illegible] wird [illegible], [illegible] [illegible] durch eine [illegible] erzeugt werden.

Damenschrift

Die Dichter [illegible]

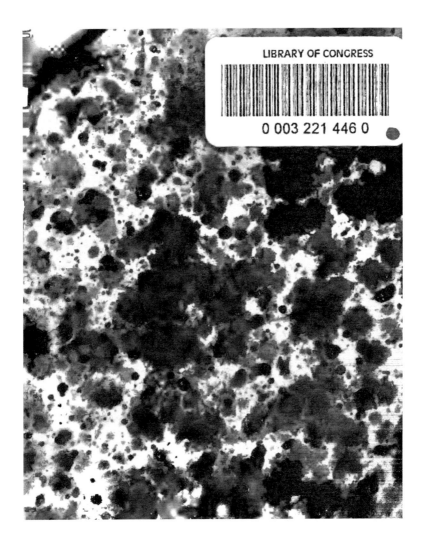

LIBRARY OF CONGRESS

0 003 221 446 0

249